ベーシック
国際会計

第3版

向 伊知郎【著】
Mukai, Ichiro

Global Accounting

中央経済社

まえがき
Foreword

　本書は，世界的に国際会計基準審議会（IASB）が設定する国際財務報告基準（IFRS Accounting Standards: IFRS）の適用が強制あるいは許容される中，会計基準の国際的収斂がなぜこのように広まってきたのかについて，国際会計研究の発展の歴史から説明するとともに，IFRSとはどのような会計基準なのかについて，IFRS設定の基礎概念とその特徴から明らかにすることを目的としています。

　本書は2つの問題意識をもって執筆しました。1つは，「会計のグローバル化は既定路線である」ことです。もう1つは，「国際会計を学んで，あるべき会計を考える」ことです。
　「インターナショナルの時代からグローバルの時代へ」が叫ばれて何十年経つでしょうか。よく「インターナショナル」には国境があるけれど，「グローバル」には国境はないといわれます。
　1960年代以降，企業活動は，着実にグローバル化してきました。企業活動がグローバル化している中で，会計が企業活動を写像するものであるならば，会計のグローバル化は必須です。一方で，企業活動のグローバル化は，その過程において各国のさまざまな環境を考慮して行われてきたとすると，それを写像する会計も各国の異なった環境を考慮して行われる必要があります。会計が情報利用者の何らかの意思決定に役立つ情報を提供するものであるためには，グローバル化した企業の情報利用者に対して，企業活動の実態を表示しなければなりません。このような会計基準はどうあるべきでしょうか。
　本書により，グローバル社会の会計基準の国際的収斂問題の過去および現在，ならびにIFRS全体に共通する考え方について理解していただき，グローバルな視点から会計の将来（課題）を考えていただければ幸いです。

　本書の特徴は，以下のとおりです。
　①　これまで会計基準の国際的収斂が，どのような考え方のもとに進められ

てきたかについて，会計基準を設定する国際的機関の設立，各国の対応方法等について説明しています。

② IFRSの解説はもとより，会計制度は理論・基準・実務から構成されることから，できる限り会計基準の理論的背景と，【Case Study】による実務的な問題も説明しています。

③ 現在，IFRSは数多くの言語に翻訳されていますが，もともとは英語で記述されていることから，専門用語等の原語も併記しています。

本書第3版では，2024年にIASBから公表されたIFRS第18号「財務諸表における表示および開示」をフォローするとともに，解説を充実させたほか各データをアップデートしている。

その他，紙幅の都合上，本文にて記述できなかった会計基準設定の経緯や背景，および日本の会計基準との比較に関して，各章ごとにネット上に掲載していますので，併せてご覧いただければ幸いです（随時更新）（https://www.agu.ac.jp/~ichiro/）。

本書を上梓する過程では，さまざまな先生方のお世話になっています。日本会計研究学会，国際会計研究学会，日本経済会計学会，日本会計教育学会のほか，筆者が研究者になって以来ご指導をいただいている国際会計研究会の先生方に深く感謝申し上げます。筆者の勤務校の愛知学院大学の先生方，とりわけ会計コースの先生方には，常日頃よりたいへんお世話になっています。この場を借りて御礼を申し上げます。

最後になりましたが，本書を刊行する機会を与えてくださいました㈱中央経済社の山本継代表取締役社長に厚く御礼を申し上げます。また，本書の出版に至るまで，学術書編集部の長田烈氏には，たいへんお世話になりました。心より御礼を申し上げます。

2025年1月

向　伊知郎

CONTENTS

まえがき　Foreword

Chapter 1　多国籍企業の出現と国際会計　　1

Section 1　企業活動のグローバル化 ……………………… 1

Section 2　変動相場制と国際会計 ……………………… 5

Section 3　資金調達活動のグローバル化と国際会計 ………… 8

Section 4　経済・証券市場の統合と会計基準の国際的統一
……………………………………………… 11

Chapter 2　会計基準の国際的調和と限界　　17

Section 1　国際的な会計研究の嚆矢 …………………… 17

Section 2　IASC の設立 ………………………………… 18

Section 3　財務諸表の比較可能性・改善作業プロジェクト
………………………………………………… 20

Section 4　IAS の承認と課題 ………………………… 22

Chapter 3　会計基準の国際的収斂の動向　　25

Section 1　IASB の設立 ………………………………… 25

Section 2　会計基準の国際的統一の方法 ……………… 28

Section 3　会計基準の国際的収斂への主要国の対応 ………… 30

Section 4　会計基準の国際的収斂への日本の対応 ……………… 37

Section 5　会計基準の国際的収斂の現状 ……………………… 41

Chapter 4　IFRS の基礎的特徴　45

Section 1　IFRS の設定方法〜演繹法〜 …………………… 45

Section 2　IFRS の規定内容〜原則主義〜 ………………… 47

Section 3　IFRS の基礎概念〜会計観〜 …………………… 48

Section 4　概念フレームワークの具体的な特徴 …………… 49

Chapter 5　財務諸表の表示および開示　65

Section 1　財務諸表の目的と体系 …………………………… 65

Section 2　全般的な特性 ……………………………………… 66

Section 3　財務業績の計算書 ………………………………… 68

Section 4　財政状態計算書 …………………………………… 73

Section 5　持分変動計算書 …………………………………… 75

Section 6　キャッシュ・フロー計算書 ……………………… 75

Section 7　財務諸表の注記 …………………………………… 79

Chapter 6　収益認識の会計　83

Section 1　収益認識の会計基準 ……………………………… 83

Section 2　収益認識の基本原則 ……………………………… 84

Section 3　収益認識の第1ステップ〜顧客との契約の識別〜

CONTENTS　iii

.... 85

Section 4　収益認識の第2ステップ～契約における履行義務
の識別～ 85

Section 5　収益認識の第3ステップ～取引価格の算定～ 86

Section 6　収益認識の第4ステップ～取引価格の配分～ 88

Section 7　収益認識の第5ステップ～収益認識～ 90

Chapter 7　金融商品の会計　　　　　　　　　　97

Section 1　金融商品の会計基準 97

Section 2　金融商品の範囲 97

Section 3　金融商品の認識と測定 100

Section 4　金融商品の認識の中止 101

Section 5　金融商品の事後測定 103

Chapter 8　棚卸資産の会計　　　　　　　　　　115

Section 1　棚卸資産の範囲 115

Section 2　棚卸資産の測定 116

Section 3　低価法の強制適用 117

Chapter 9　有形固定資産の会計　　　　　　　　121

Section 1　有形固定資産の意味 121

Section 2	有形固定資産の認識	122
Section 3	有形固定資産の事後測定	123
Section 4	有形固定資産の減価の処理	125
Section 5	有形固定資産の認識の中止	127

Chapter 10　リースの会計　129

Section 1	リースの会計基準	129
Section 2	リースの識別	131
Section 3	借り手の会計処理	132
Section 4	貸し手の会計処理	137
Section 5	セール・アンド・リースバック取引の会計処理	140

Chapter 11　無形資産の会計　145

Section 1	無形資産の意味	145
Section 2	無形資産の認識	146
Section 3	無形資産の事後測定	148
Section 4	無形資産の減価の処理	150
Section 5	無形資産の認識の中止	154

CONTENTS v

Chapter 12　減損の会計 155

Section 1　減損会計基準の制度化 …………………………………… 155
Section 2　減損の会計処理 …………………………………………… 156

Chapter 13　退職後給付の会計 163

Section 1　退職後給付の意味 ………………………………………… 163
Section 2　退職後給付制度の分類 …………………………………… 165
Section 3　確定拠出制度における認識および測定 ………………… 165
Section 4　確定給付制度における認識および測定 ………………… 166
Section 5　未認識項目の会計処理 …………………………………… 172

Chapter 14　引当金の会計 173

Section 1　引当金の意味 ……………………………………………… 173
Section 2　引当金の認識 ……………………………………………… 174
Section 3　引当金の測定 ……………………………………………… 175
Section 4　引当金の変動 ……………………………………………… 176

Chapter 15　法人所得税の会計 177

Section 1　法人所得税等の会計処理 ………………………………… 177
Section 2　税効果会計の処理方法 …………………………………… 178
Section 3　資産負債法の会計処理 …………………………………… 181

Chapter 16　企業結合の会計　185

Section 1　企業結合の意味と範囲 ················· 185

Section 2　企業結合の分類と会計処理 ················· 186

Section 3　企業結合の会計処理〜パーチェス法一本化〜 ···· 191

Section 4　取得法の会計処理 ················· 193

Section 5　企業結合の新たな会計処理の検討〜フレッシュ・
スタート法〜 ················· 199

Chapter 17　連結財務諸表の会計　201

Section 1　連結財務諸表の制度化 ················· 201

Section 2　連結財務諸表の基礎概念〜報告企業と会計主体
観〜 ················· 202

Section 3　連結の範囲と支配概念〜原則主義による規定内
容〜 ················· 205

Section 4　連結財務諸表の作成 ················· 207

Section 5　関連会社およびジョイント・ベンチャーの会計
処理 ················· 210

Chapter 18　のれんの会計　215

Section 1　のれんの意味 ················· 215

Section 2　のれんの当初認識 ················· 216

Section 3　のれんの事後測定〜減損処理〜 ················· 223

CONTENTS vii

Chapter 19　　外貨換算の会計　　227

Section 1　外貨換算会計の意味と種類 ················· 227
Section 2　機能通貨の概念 ································· 228
Section 3　外貨建取引の機能通貨での報告 ·········· 230
Section 4　機能通貨以外の表示通貨での報告 ········ 233

Chapter 20　　セグメント報告の会計　　237

Section 1　セグメント情報開示の制度化と問題 ········· 237
Section 2　マネジメント・アプローチ ···················· 238
Section 3　セグメント情報の開示基準 ··················· 240

参考文献／245
索　　引／255

【略語表】

諸機関および基準・法令・文書等の略語・原語・訳語

略語	原　　語	訳　　語
AARF	Australian Accounting Research Foundation	オーストラリア会計研究財団
AASB	Australian Accounting Standards Board	オーストラリア会計基準審議会
AASC	Australian Accounting Standards Committee	オーストラリア会計基準委員会
AcSB	Accounting Standards Board	会計基準審議会（カナダ）
ADR	American Depositary Receipt	アメリカ預託証券
AIA	American Institute of Accountants	アメリカ会計士協会
AICPA	American Institute of Certified Public Accountants	アメリカ公認会計士協会
AISG	Accountants International Study Group	会計士国際研究グループ
APB	Accounting Principles Board	会計原則審議会（アメリカ）
ARB	Accounting Research Bulletin	会計研究公報（アメリカ）
ARC	Accounting Regulatory Committee	会計規制委員会（EU）
ASAF	Accounting Standards Advisory Forum	会計基準アドバイザリーフォーラム（IASB）
ASBJ	Accounting Standards Board of Japan	企業会計基準委員会（日本）
ASC	Accounting Standards Codification	会計基準編纂書（アメリカ）
ASEAN	Association of South East Asian Nations	東南アジア諸国連合
ASIC	Australian Securities and Investments Commission	オーストラリア証券投資委員会
ASRB	Accounting Standards Review Board	会計基準検討審議会(ニュージーランド)
CAP	Committee on Accounting Procedure	会計手続委員会（アメリカ）
CESR	Committee of European Securities Regulators	ヨーロッパ証券規制当局委員会
CICA	Canadian Institute of Chartered Accountants	カナダ勅許会計士協会
CLERP	Corporate Law Economic Reform Program	会社法経済改革計画（オーストラリア）
CSA	Canadian Securities Administrators	カナダ証券管理局
DR	Depositary Receipt	預託証券
EC	European Community	ヨーロッパ共同体
ECSC	European Coal and Steel Community	ヨーロッパ石炭鉄鋼共同体
EEC	European Economic Community	ヨーロッパ経済共同体
EFRAG	European Financial Reporting Advisory Group	ヨーロッパ財務報告諮問グループ
EITF	Emerging Issues Task Force	緊急問題専門委員会（アメリカ）
ESMA	European Securities and Markets Authority	ヨーロッパ証券市場監督機構
EU	European Union	ヨーロッパ連合
FAF	Financial Accounting Foundation	財務会計財団（アメリカ）
FASB	Financial Accounting Standards Board	財務会計基準審議会（アメリカ）
FASF	Financial Accounting Standards Foundation	財務会計基準機構（日本）
FRC	Financial Reporting Council	財務報告審議会（オーストラリア）

FRSB	Financial Reporting Standards Board	財務報告基準審議会(ニュージーランド)
FTA	Free Trade Agreement	自由貿易協定
GAAP	Generally Accepted Accounting Principles	一般に認められた会計原則
GDP	Gross Domestic Products	国内総生産
GNP	Gross National Products	国民総生産
IAS	International Accounting Standards	国際会計基準（IASC）
IASB	International Accounting Standards Board	国際会計基準審議会
IASC	International Accounting Standards Committee	国際会計基準委員会
IASCO	International Association of Securities Commission	米州証券監督者協会
IBRD	International Bank for Reconstruction and Development	国際復興開発銀行
ICAEW	Institute of Chartered Accountants of England and Wales	イングランド・ウェールズ勅許会計士協会
IFAC	International Federation of Accountants	国際会計士連盟
IFRIC	International Financial Reporting Interpretation Committee	国際財務報告解釈指針委員会（IASB）
IFRS	IFRS Accounting Standards	国際財務報告基準（IASB）
IFRS	International Financial Reporting Standards	国際財務報告基準（IASB）
IMF	International Monetary Fund	国際通貨基金
IOSCO	International Organization of Securities Commissions	証券監督者国際機構
ISSB	International Sustainability Standards Board	国際サステナビリティ基準審議会
JICPA	Japanese Institute of Certified Public Accountants	日本公認会計士協会
JMIS	Japan's Modified International Standards	修正国際基準（日本）
JWG	Joint Working Group of Standard Setters	ジョイント・ワーキング・グループ
LSE	London Stock Exchange	ロンドン証券取引所
MJDS	Multi-Jurisdictional Disclosure System	相互承認開示制度
MNEs	Multi-National Enterprises	多国籍企業
MoU	Memorandum of Understanding	覚書
NAA	National Association of Accountants	全米会計士協会（アメリカ）
NAFTA	North American Free Trade Agreement	北米自由貿易協定
NYSE	New York Stock Exchange	ニューヨーク証券取引所
PSASB	Public Sector Accounting Standards Board	公共部門会計基準審議会（オーストラリア）
SAC	Standards Advisory Council	基準諮問会議（IASB）
SEC	Securities and Exchange Commission	証券取引委員会（アメリカ）
SFAS	Statement of Financial Accounting Standard	財務会計基準書（アメリカ）
SIC	Standing Interpretations Committee	解釈指針委員会（IASB）
USMCA	United States-Mexico-Canada Agreement	アメリカ・メキシコ・カナダ協定

Chapter **1**

多国籍企業の出現と
国際会計

Objective of this Chapter—本章の目的

　本章では，1960年代以降に，国際会計（International Accounting, Global Accounting）が注目されるようになり，会計基準の国際的収斂（international convergence）が進められるようになった背景について，多国籍企業（MNEs）の出現に焦点を当てて，それを取り巻く経済環境の変化から学習する。MNEsの出現が，企業活動のグローバル化，変動相場制への移行，資金調達活動のグローバル化等の経済環境の変化とともに，具体的にどのような会計問題を生じさせてきたかについて理解する。

Section 1　企業活動のグローバル化

　1960年代以降，アメリカを中心とした西側諸国は，第二次世界大戦への反省と被災からの復興，およびソビエト（現在，ロシア）を中心とした社会・共産主義諸国（東側諸国）との間での冷戦状態への対応から経済協力体制を築き，高度経済成長を遂げてきた[1]。

　図表1-1は，1960年から1970年にかけて，5年ごとの国民総生産（GNP）[2]について，主要西側諸国における経済発展の状況を示している。日本は，1970年には，急激な経済成長率のもと，アメリカに次ぐ世界第2位のGNPになっている[3]。このような経済発展は，企業活動が急激に発展したことを意味する。

| 図表1-1 | 1960年代における主要西側諸国における経済発展 |

	Nominal GNP (100million $)			1960-1965		1965-1970		1960-1970	
	1960	1965	1970	increase	growth rate	increase	growth rate	increase	growth rate
United States	5,037	6,849	9,824	1,812	136.0%	2,975	143.4%	4,787	195.0%
Japan	425	847	1,964	422	199.3%	1,117	231.9%	1,539	462.1%
Germany-West	742	1,132	1,855	390	152.6%	723	163.9%	1,113	250.0%
France	600	941	1,411	341	156.8%	470	149.9%	811	235.2%
United Kingdom	718	996	1,238	278	138.7%	242	124.3%	520	172.4%
Italy	337	570	931	233	169.1%	361	163.3%	594	276.3%
Canada	336	486	818	150	144.6%	332	168.3%	482	243.5%
Australia	152	219	331	67	144.1%	112	151.1%	179	217.8%

（出典）総務省統計局の資料「国民総生産」より作成。

　企業活動の発展は，GNP の計算にも含まれる貿易額の増加によっても明らかになる。図表1-2は，1960年から1980年までの，主要西側諸国における貿易額の推移を示している。こうして，グローバルに活動を展開する MNEs が出現した。

　MNEs は，1980年代以降，外国との貿易だけでなく現地に直接投資（direct investment）をして，現地法人を子会社化したり，または現地に在外子会社を設立して，企業活動の多角化と多様化を進めた。

　直接投資には，対外直接投資（foreign direct investment outflows）と対内直接投資（foreign direct investment inflows）がある[4]。

　対外直接投資は，外国の企業との永続的な経済関係を樹立するために行われる外国への投資であり，具体例として，外国に支店，工場その他の事業所を設置するための投資がある。

　対内直接投資は，国内の企業と永続的な経済関係を樹立するために行われる外国からの投資であり，具体例として，国内に支店，工場その他の事業所を設置するために行われる外国からの投資がある。

　図表1-3は，1985年から2000年にかけて，主要西側諸国における対外直接

Chapter 1　多国籍企業の出現と国際会計　**3**

図表1-2　1960年以降における主要西側諸国における貿易額

Exports　(million $)

	1960	1965	1970	1975	1980
United States	20,601	27,532	43,224	107,592	220,786
Germany-West	11,418	17,901	31,228	90,166	192,861
Japan	4,055	8,452	19,318	55,817	130,441
France	6,864	10,053	18,098	53,118	116,030
United Kingdom	10,611	13,722	19,382	44,109	110,155
Italy	3,648	7,200	13,206	34,815	77,929
Canada	5,830	8,494	16,747	33,990	67,724
Australia (＊1)	2,808	3,985	4,771	11,943	21,944

Imports　(million $)

	1960	1965	1970	1975	1980
United States	16,375	23,188	42,429	103,389	256,984
Germany-West	10,107	14,782	29,947	74,924	188,002
Japan	4,491	8,170	18,881	57,853	142,866
France	6,281	10,343	19,132	53,964	134,889
United Kingdom	13,033	16,103	21,696	53,498	115,545
Italy	4,725	7,378	14,969	38,365	94,262
Canada	1,166	8,713	14,355	36,475	62,538
Australia (＊1)	3,494	4,808	5,055	11,145	22,399

（＊1）Australia の1960年および1965年のデータは，Oceania のデータである。
（出典）総務省統計局の資料「外国貿易輸出・輸入」より作成。

図表1-3　1985年以降の主要西側諸国における直接投資額

Foreign Direct Investment Outflows　(million $)

	1985	1990	1995	2000
United Kingdom	11,399	17,957	49,094	235,516
France	2,233	36,229	15,758	177,482
United States	12,720	30,982	98,748	159,214
Germany	11,060	47,394	39,052	56,567
Canada	3,861	5,235	11,462	44,678
Japan	12,217	56,915	22,628	31,539
Italy	1,818	7,245	5,731	12,318
Australia	1,217	1,837	2,533	2,862

Foreign Direct Investment Inflows　(million $)

	1985	1990	1995	2000
United States	20,490	48,422	57,776	321,276
Germany	1,712	5,793	12,025	198,313
United Kingdom	4,942	30,471	21,826	121,959
Canada	1,299	7,580	9,255	66,796
France	2,220	15,613	23,679	43,258
Australia	1,810	5,843	11,675	14,178
Italy	1,003	6,316	4,816	13,377
Japan	931	2,779	41	8,317

（出典）OECD の資料 "Direct Investment by Country" より作成。

投資と対内直接投資の推移を示している。国によって増加する時期に相違はあるが，MNEs が積極的に直接投資を行ってきたことが理解できる。

4

　図表1-4は，対外直接投資による日本の企業の現地法人企業数を示している。

図表1-4 日本企業の地域別現地法人企業数^(*1)　　　　（社）

	1985	1990	1995	2000
Asia	2,065	2,928	4,600	7,244
North America	1,350	2,287	2,586	3,316
Europe	897	1,673	1,958	2,682
Central and South America	559	546	622	955
Oceania	268	382	444	581
Africa	136	119	151	136
Middle East	68	51	55	77
Total	5,343	7,986	10,416	14,991

（＊1）孫会社の数値を含む。
（出典）経済産業省経済産業政策局調査統計部企業統計室，貿易経済協力局貿易振興課「我が国企業の海外事業活動」

　図表1-5は，対内直接投資による外国の企業の日本法人企業数を示している。

図表1-5 外資系企業^(*1)の母国籍地域状況　　　　（社）

	1985	1990	1995	2000
North America	328	563	611	687
Europe	248	540	572	681
Asia	66	126	191	219
Central and South America	12	22	18	23
Other	10	18	21	16
Middle East	1	7	8	13
Total	665	1,276	1,421	1,639

（＊1）1985年および1990年は，外為法に基づき経済産業省に直接投資届出のあった外資比率50％以上（それ以降は1／3超）の企業であって，外資が経営参加を目的として株式を取得しているもの。
（出典）経済産業省経済産業政策局調査統計部企業統計室，貿易経済協力局貿易振興課「外資系企業の動向」

Chapter 1 多国籍企業の出現と国際会計 5

Case Study 1~1　比較会計制度研究の必要性

　薬品会社 X 社は，×1年度の決算を間近に控えている。以下の［資料］に基づいて，X 社が国際会計基準を適用している場合と，日本の会計基準を適用している場合で，×1年度の利益はそれぞれいくらになるか答えなさい。

［資料］
- X 社の下記の情報を除いた×1年度の収益は10,000百万円，費用は8,000百万円，利益は2,000百万円である。
- X 社は，がん治療に優れた薬品の研究開発を行っていて，研究開発の進行度合いは，×1年度末までに研究段階を終え，販売を間近に控えた開発段階となっている。
- X 社は，×1年度末に研究開発へ1,000百万円支出した。
- 開発段階を迎えた研究開発への支出について，国際会計基準は資産計上を規定しているが，日本の会計基準は費用計上を規定している。

［解答］
　国際会計基準：収益(10,000百万円) − 費用(8,000百万円) = 利益(2,000百万円)
　日本の会計基準：収益(10,000百万円) − 費用(8,000百万円 + 1,000百万円) = 利益(1,000百万円)

　日本の企業の現地法人企業数および外国の企業の日本法人企業数は，1985年以降，順調に増加しており，MNEs のグローバルな活動を表している。MNEs の発展は，諸外国の会計制度についての研究（比較会計制度研究）や，現地事業体の経営管理についての研究（国際管理会計研究）など，国際会計研究の必要性を生じさせた。

Section 2　変動相場制と国際会計

　1970年代に入ると，アメリカの経済は，ベトナム戦争，ジョンソン（Johnson, L.）大統領による社会福祉を目的とした偉大な社会政策等を原因として，財政赤字，インフレーションおよび貿易赤字に苦しみ，急激に衰退しはじめた。ニクソン（Nixon, R. M.）大統領は，1971年に，US ドルの国外への流出を防ぐ

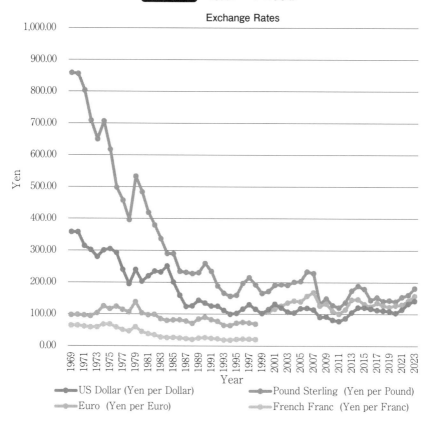

図表1-6　為替レートの変動

　ため，1944年に締結されたブレトン・ウッズ協定（Bretton Woods Agreements）を放棄して，USドルと金の交換停止を発表した。

　その後も，アメリカの貿易赤字は拡大し，固定相場制（fixed exchange rate system）への信頼が低下したため，1973年に，主要各国は相次いで変動相場制（floating exchange rate system）へと移行し，1976年に，国際通貨基金（IMF）暫定委員会において，変動相場制が承認された[5]。

　図表1-6は，変動相場制への移行に伴う，対アメリカ・ドルをはじめとする主要通貨の単位当たり為替レートを示している。固定相場制から変動相場制

への移行は，信用経済のもとで，MNEs が諸外国の企業との間で外貨建取引（foreign currency transactions）をした場合に，取引時点と決済時点での為替レートの変動をどのように処理するかといった問題を生じさせた[6]。ここから，外貨建取引に関連した外貨換算会計の研究が始まり，国際会計が注目されるようになった。

Case Study 1-2　変動相場制に伴う会計問題

以下の [資料] に示した外貨建取引を日本円で仕訳した場合に，どのような仕訳が考えられるか。

[資料]
- 3/15　商品1個（@$1）掛仕入れ（$1＝¥120）
- 4/15　掛け代金を日本円で決済（$1＝¥100）
- （例）ドル建ての仕訳

(currency unit：$)

M/D	Debit	amount	Credit	amount
3/15	仕　入（Purchase）	1	買掛金（Account payable）	1
4/15	買掛金（Account payable）	1	現　金（Cash）	1

[仕訳例]

（単位：円）

(1)

M/D	Debit	amount	Credit	amount	
3/15	仕　入	120	買掛金	120	取引時の為替レート：$1＝¥120
4/15	買掛金	100	現　金	100	決済時の為替レート：$1＝¥100

▶問題点　債務である買掛金の金額は¥120であるので，買掛金が¥20未払いのまま残ってしまう。

（単位：円）

(2)

M/D	Debit	amount	Credit	amount	
3/15	仕　入	120	買掛金	120	取引時の為替レート：$1＝¥120
4/15	買掛金	120	現　金	120	買掛金を決済する。

▶問題点　債務である買掛金は決済されるが，$1＝¥100であるので，$1.2を支払うことになる（支払いすぎ）。

その他にどのような仕訳が考えられるか？

（単位：円）

(3)	M/D	Debit	amount	Credit	amount	
	3/15	仕　入	120	買掛金	120	取引時の為替レート：$1＝¥120
	4/15	買掛金	120	現　金	100	決済時の為替レート：$1＝¥100
				①	②	債務である買掛金も決済➡差額をどうするか？

【解答】
①　為替差（損）益　　　②　20

Section 3　資金調達活動のグローバル化と国際会計

　MNEs の事業活動の発展は，資金調達活動のグローバル化を生じさせた。国際的な資金調達は，主に以下の方法により行われてきた。

①　現地国の在外子会社を現地国の証券市場に上場する方法あるいは債券を発行する方法
②　親会社自ら外国の証券市場で上場または預託証券（DR）を発行する方法あるいは外債を発行する方法

　日本企業によるアメリカ預託証券（ADR）は，1961年にソニーが初めて発行して以来，1962年には東芝，本田技研工業，日本電気および関西電力の4社が発行して資金調達を行うようになった[7]。また，日本企業による外債発行では，1958年に国債が発行され，1960年に川崎製鉄（2003年以降，JFE スチール）と住友金属工業（2012年以降，新日鐵住金，2019年以降，日本製鉄）が，アメリカ市場で起債している[8]。

　外国の企業による東京証券取引所への上場では，1973年12月18日のダウケミカル（The Dow Chemical），パリバ（Paribas），FNCC，F シカゴ（F Chicago），GTE，および IU インタ（IU Inta）が最初である[9]。その後，外国の企業の東京証券取引所への上場は，1990年にピークを迎えるまで，徐々に増加した。

Glossary—用語解説

預託証券（depositary receipt, DR）
　信託銀行等の預託機関が預託を受けて，本国で発行した株式を外国の証券取引所で発行する代替証券をいう。アメリカの証券市場で資金調達をしようとする企業が発行するアメリカ預託証券（ADR）等がある。

外債（foreign bond）
　外国の機関または企業が日本市場において，または日本の機関または企業が外国市場において，発行市場の国の通貨建てで発行する債券をいう。

　図表1-7は，1973年以降の上場外国企業数の推移を示している。日本の証券市場に上場する外国企業の数は，1990年および1991年の125社をピークに急激に減少して，現在では，わずか6社である。

　通常，企業が外国の証券市場において資金調達をする場合には，証券取引所への財務諸表等の提出が必要である。その際には，現地国の投資者および債権者といった情報利用者が財務諸表を理解できるように，現地国の証券市場の規定に従って財務諸表の修正を余儀なくされることがある。

　日本の企業が外国の証券市場に上場する際に，実際に行ってきた財務諸表の

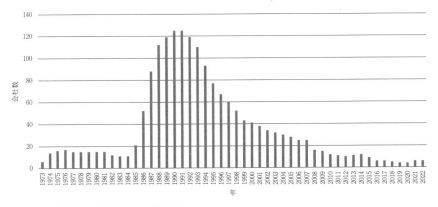

図表1-7　外国株式の上場企業数と年間取引

（＊1）各年12月31日現在の上場企業数を示している。
（資料）日本取引所グループのホームページより作成。

10

修正には以下の事項がある。

① 言語
② 通貨単位
③ 会計基準

これらの修正は，本国の言語，通貨単位，会計基準等に従って作成された連結財務諸表を，現地国の言語，通貨単位，会計基準等に変換することになり，情報提供者である MNEs にはかなりのコスト負担が強いられた。

Case Study 1~3　国際財務報告の作成

　以下の［資料］は，日本の企業の損益計算書の一部である。アメリカの証券市場向けに言語，通貨単位の修正と，アメリカの会計基準への変更に伴う金額の修正を行いなさい。

［条件］
(1)　すべて＄1＝¥100で換算しなさい。
(2)　「売上高」のうち，アメリカの会計基準で計上される金額は80％である。
(3)　「売上原価」のうち，アメリカの会計基準で計上される金額は80％である。
(4)　「販売費及び一般管理費」のうち，アメリカの会計基準で計上される金額は90％である。
(5)　「営業外収益」の金額は，アメリカの会計基準においても変化しない。

Chapter 1　多国籍企業の出現と国際会計　11

［資料］

■損益計算書の一部

日本の会計基準等 アメリカの証券市場向けに修正

	（単位：円）				（単位$）	
売上高	100,000	（	①	）	（　⑤	）
売上原価	70,000	Cost of Goods Sold			（　⑥	）
売上総利益	（　30,000　）	（	②	）	（　⑦	）
販売費及び一般管理費	16,000	Selling, General and Administrative Expenses			（　⑧	）
営業利益	（　14,000　）	（	③	）	（　⑨	）
営業外収益	11,000	Financial Income			（　⑩	）
当期純利益	（　25,000　）	（	④	）	（　⑪	）

［解答］
① Sales　　② Gross Profit　③ Operating Income
④ Net Income　⑤ 800　　⑥ 560　　⑦ 240　　⑧ 144
⑨ 96　　⑩ 110　　⑪ 206

Section 4　経済・証券市場の統合と会計基準の国際的統一

　1990年代以降，技術革新の進歩やバブル経済の破綻による世界的なデフレの圧力を背景に，自動車，石油，鉄鋼，金融機関など同業種間あるいは異業種間におけるMNEs同士の大型合併および買収（Merger and Acquisitions, M&A）が行われてきた。このようなMNEsの巨大化およびコングロマリット化は，それらの事業活動および資金調達活動のさらなるグローバル化を生じさせて，会計基準の国際的調和および統一を要求するようになった。

　また，東南アジア諸国連合（ASEAN）の拡張，北米自由貿易協定（NAFTA）の締結，メルコスール（Mercosur）の発足および6カ国によるヨーロッパ経済共同体（EEC）からヨーロッパ連合（EU）への拡大等々，経済の地域ブロック化の形成および拡大が生じてきた。2000年代に入ると，

BRICSといわれるブラジル，ロシア，インド，中国および南アフリカの経済発展も注目されてきた（図表1-8を参照）。これらの経済のグローバル化・地域ブロック化と新興経済国の発展は，MNEsの活動を支える証券市場の統合および発展を生じさせた。

2000年には，フランスのパリ，オランダのアムステルダム，ベルギーのブラッセルおよびポルトガルのリスボンの証券市場が統合されて，ユーロネクスト（Euronext）が創設された。2007年には，そのユーロネクストを，ニューヨーク証券取引所（NYSE）が買収した。

北欧3カ国のスウェーデンのストックホルム，フィンランドのヘルシンキおよびデンマークのコペンハーゲンの証券市場は，2003年にOMXとして統合されて[10]，そのOMXを2007年にアメリカのNASDAQが買収した。NASDAQは，ロンドン証券取引所（LSE）の買収を試みるが失敗し，逆にLSEはイタリア証券取引所を買収した。

図表1-8　経済ブロック等の国内総生産（GDP）

(billion $)

経済ブロック	1995	2000	2005	2010	2015	2020	2023
NAFTA（＊1）	8,626	11,738	15,130	17,772	21,065	24,131	31,652
EU（＊2）	9,243	8,524	14,328	17,084	16,587	15,480	18,579
ASEAN（＊3）	716	647	991	2,017	2,529	3,098	3,796
Mercosur（＊4）	1,092	1,085	1,503	3,744	3,531	2,866	4,190
国別	1995	2000	2005	2010	2015	2020	2023
China	731	1,206	2,290	6,034	11,114	14,863	17,758
Germany	2,595	1,968	2,895	3,471	3,424	3,937	4,527
Japan	5,546	4,968	4,831	5,759	4,445	5,054	4,220
India	360	468	820	1,676	2,104	2,675	3,568
Brazil	771	655	892	2,209	1,800	1,476	2,174
Russian Federation	336	278	818	1,633	1,357	1,488	2,010
South Africa	172	152	289	417	347	338	381

（注）経済ブロックのGDPは，各年における加盟国数に合わせて計算している。
（資料）IMFホームページより作成（https://www.imf.org/）。

さらに，ASEAN10カ国の証券市場の統合が検討されて，2012年までに，マレーシア，シンガポールおよびタイの3カ国における証券市場の相互接続が行われている。また，ブラジル，ロシア，インド，中国および南アフリカの新興経済国における証券市場が急速に発展を遂げてきた。

図表1-9は，1995年と2023年における主要諸国における証券市場の時価総額を比較したものである。アメリカとヨーロッパでは，複数の国家の証券市場が統合され，カナダおよびブラジルでは，1つの国の中での証券市場の統合が行われて，時価総額が大幅に増加している。また，BRICS諸国の証券市場においても，経済発展とともに時価総額が急激に増加している。日本の東京証券取引所は，2013年に大阪証券取引所と統合して，日本取引所グループとなっている。それにもかかわらず，2023年における世界の証券市場に占める日本の証券市場の割合は，1995年に比べて大幅に低下している（20.23％→5.50％）。

国家を超えての証券市場の統合は，それらの市場に上場する企業の財務諸表の比較可能性を求めて，会計基準の調和および統一の問題を生じさせる。また，多くのMNEsは，クロスボーダーでの資金調達を行おうとするのと同時に，特に新興証券市場での資金調達を行うために，財務諸表の作成コストの削減を目的として国際的レベルでの会計基準の調和および統一を要求する。その結果，国際的に調和および統一された会計基準の設定に関する研究が行われるようになった。

かつてアメリカに次ぐ大規模企業を有して，GDPおよび証券市場の時価総額において世界第2位であった日本が，これらの経済環境の変化の中で，どのように会計基準の国際的統一問題に対応するかは，日本経済の発展，特に企業活動の発展と密接に関わってくる問題となる。

図表 1-9　証券市場の統合と時価総額

No.	Exchange	Country	1995 (billion$)	Share (%)	Total (%)
1	NYSE	U.S.	5,655	32.27	32.27
2	Tokyo Stock Exchange	Japan	3,545	20.23	52.50
3	London SE	U.K.	1,330	7.59	60.09
4	NASDAQ	U.S.	1,160	6.62	66.71
5	Deutsche Bourse	Germany	577	3.29	70.01
6	Euronext Paris	France	500	2.85	72.86
7	SIX Swiss Exchange	Switerland	398	2.27	75.13
8	TMX Group	Canada	366	2.09	77.22
9	Bourse de Montreal	Canada	305	1.74	78.96
10	Hong Kong Exchanges	Hong Kong	304	1.73	80.70
11	Euronext Amsterdam	Netherlands	287	1.64	82.33
12	Johannesburg SE	South Africa	277	1.58	83.92
13	Australian SE	Australia	245	1.40	85.32
14	Bursa Malaysia	Malaysia	214	1.22	86.54
15	BME Spanish Exchanges Madrid	Spain	191	1.09	87.62
16	Taiwan SE Corp.	Taiwan	187	1.07	88.69
17	Korea Exchange	Korea	182	1.04	89.73
18	OMX Nordic Stockholm	Sweden	173	0.98	90.71
19	BME Spanish Exchanges Bilbao	Spain	167	0.95	91.67
20	Singapore Exchange	Singapore	148	0.84	92.51
21	BME Spanish Exchanges Barcelona	Spain	142	0.81	93.32
22	The Stock Exchange of Thailand	Thailand	140	0.80	94.12
23	American SE	U.S.	137	0.78	94.91
24	BME Spanish Exchanges Valencia	Spain	125	0.72	95.62
	Others		767	4.38	100.00
	Total		17,523		

No.	Exchange	Country	2023 (billion$)	Share (%)	Total (%)
1	NYSE	U.S.	25,565	22.88	29.1
1	Euronext	France, Netherlands, Belgium, Portugal, Italy	6,889	6.17	29.1
2	Nasdaq - US	U.S.	23,415	20.96	51.9
2	Nasdaq Nordic and Baltics	Sweden, Denmark, Finland, Iceland	2,120	1.90	51.9
3	Shanghai Stock Exchange	China	6,525	5.84	57.7
4	Japan Exchange Group	Japan	6,149	5.50	63.3
5	Shenzhen Stock Exchange	China	4,367	3.91	67.2
6	National Stock Exchange of India	India	4,340	3.89	71.0
7	Hong Kong Exchanges and Clearing	China	3,975	3.56	74.6
8	TMX Group	Canada	3,088	2.76	77.4
9	Saudi Exchange (Tadawul)	Saudi Arabia	3,015	2.70	80.1
10	Deutsche Boerse AG	Germany	2,178	1.95	82.0
11	SIX Swiss Exchange	Switzerland	2,045	1.83	83.8
12	Korea Exchange	Korea	1,968	1.76	85.6
13	Taiwan Stock Exchange	Taiwan	1,853	1.66	87.3
14	ASX Australian Securities Exchange	Australia	1,789	1.60	88.9
15	Tehran Stock Exchange	Iran	1,713	1.53	90.4
16	Johannesburg Stock Exchange	South Africa	1,026	0.92	91.3
17	B 3 - Brasil Bolsa Balcão	Brazil	991	0.89	92.2
18	Abu Dhabi Securities Exchange	UAE: Emirate of Abu Dhabi	807	0.72	92.9
19	BME Spanish Exchanges	Spain	770	0.69	93.6
20	Indonesia Stock Exchange	Indonesia	758	0.68	94.3
21	Moscow Exchange	Russia Federation	650	0.58	94.9
22	Singapore Exchange	Singapore	608	0.54	95.4
	Others		5,110	4.57	100.0
	Total		111,713		

（資料）World Federation of Exchanges のホームページより作成 (https://www.world-exchanges. org)。

Glossary—用語解説

東南アジア諸国連合（ASEAN）

東南アジアの経済・社会・政治・安全保障・文化での地域協力機構をいう。1967年にインドネシア，シンガポール，タイ，フィリピンおよびマレーシアの5カ国で発足して以降，1984年にブルネイ，1995年にベトナム，1997年にミャンマーおよびラオス，1999年にカンボジアが加盟して，現在10カ国から構成されている（https://www.asean.org）。

北米自由貿易協定（NAFTA）

1989年にアメリカとカナダの2カ国間で締結された米加自由貿易協定（US-Canada Free Trade Agreement）に，1992年にメキシコが加わり，1994年に発効した3カ国間の自由貿易協定をいう。NAFTAは，2020年に，現代の経済状況に合わせてその内容を更新・強化して，名称をアメリカ・メキシコ・カナダ協定（USMCA）へと変更している（https://can-mex-usa-sec.org/）。

メルコスール（Mercosur）

1991年のアスンシオン（Asunción）条約に基づいて，1995年に南アメリカのアルゼンチン，ウルグアイ，パラグアイおよびブラジルの4カ国間で発足した関税撤廃同盟をいう。日本語で「南米南部共同市場」とも訳される。2006年にはベネズエラ，2015年にはボリビアが加盟した。その他，チリ（1996年），ペルー（2003年），エクアドル，コロンビア（2004年），ガイアナ（2013年），スリナム（2014年）が準加盟国となっている（https://www.mercosur.int）。

ヨーロッパ経済共同体（EEC）・ヨーロッパ共同体（EC）・ヨーロッパ連合（EU）

EECは，1957年のローマ条約に基づいて，将来の戦争回避と経済統合を目的として，ベルギー，フランス，ドイツ，イタリア，ルクセンブルクおよびオランダの6カ国から設立された。その後，EECは，1973年にアイルランド，イギリス，デンマークが加盟してECへと改称された。ECは，1981年にギリシャ，1986年にスペインおよびポルトガルが加盟して12カ国となった。

1995年に，1992年のマーストリヒト条約（Maastricht Treaty）に基づいて，EEC12カ国にオーストリア，フィンランド，スウェーデンが加わって，15カ国からなるEUが設立された。EUは，2004年に東ヨーロッパ諸国10カ国（キプロス，チェコ，エストニア，ハンガリー，ラトビア，リトアニア，マルタ，ポーランド，スロバキア，スロベニア），2007年にブルガリアとルーマニア，2013年にクロアチアが加盟して28カ国となった。2020年には，イギリスが国民投票の結果を受けてEUから離脱して（BREXIT），現在では27カ国である（https://europa.eu/）。

■注

1) 詳細については，以下を参照。https://www.agu.ac.jp/~ichiro/（Topic 1-1）.

2) 1980年以降，GNP に代わり，国内総生産（GDP）が主要な経済指標として用いられている。GNP は，外国での生産活動まで含めて計算されており，GDP は，それを除いた国内での生産活動に限定した付加価値総額を表す。

3) 日本の GDP は，2009年以降，中国のめざましい経済発展によって，世界第3位となり，2023年にはドイツにも抜かれて世界第4位となっている。

4) それらは，それぞれ「外国為替及び外国貿易管理法」（外為法）により定義および規定されている（外国為替及び外国為替管理法第23条および第26条2）。

5) 詳細については，以下を参照。https://www.agu.ac.jp/~ichiro/（Topic 1-2 & 3）.

6) 詳細については，以下を参照。https://www.agu.ac.jp/~ichiro/（Topic 1-4）.

7) 中島編，1985，pp.96-97。

8) 中島編，1985，p.87。

9) 日本取引所グループのホームページより。

10) 2004年に，リトアニア，ラトビアおよびエストニアの証券取引所も傘下となっている。

Chapter **2**

会計基準の
国際的調和と限界

Objective of this Chapter―本章の目的

　本章では，会計基準の国際的調和（international harmonization）に向けて，国際会計基準委員会（IASC）がなぜ設立され，どのような活動を行ってきたか，そこにどのような問題があったかについて学習する。多国籍企業（MNEs）の事業活動のグローバル化および資金調達活動のグローバル化は，財務諸表の比較可能性（comparability of financial statements）の必要性を生じさせ，そのために国際的な会計基準の設定主体が設立されることになる。本章では，会計基準の国際的調和に向けて活動してきた IASC の設立経緯とその問題から，現代の国際会計基準審議会（IASB）における会計基準の国際的収斂に向けての活動が行われるようになった理由について理解する。

Section 1　国際的な会計研究の嚆矢

　MNEs の事業活動のグローバル化および資金調達活動のグローバル化を受けて，国際会計士会議（International Congress of Accountants）等では，会計基準の国際的調和および統一の必要性が提唱されるようになった。

　1966年8月に，カナダのサスカチュワン州レジーナで開催されたカナダ勅許会計士協会（CICA）の年次大会では，イングランド・ウェールズ勅許会計士協会（ICAEW）のベンソン（Benson, H.）会長が，CICA とアメリカ公認会計士協会（AICPA）の会長と三者会談を行った。ベンソン会長は，カナダ，アメリカおよびイギリスの3カ国によって主要な会計問題について検討し，3カ国間で同意の得られた会計基準を公表する必要性を主張した。この提案は，即座に受け入れられて，1966年末に3カ国の会計士協会からなる会計士国際研

究グループ（AISG）が設立された[1]。初代会長は，AICPA のトゥルーブラッド（Trueblood, R. M.）氏である。

AISG が，わずか3カ国の会計士協会から構成されたのは，会計基準の設定が1カ国においてさえ合意を得ることが困難な問題であることから，共通の言語という利点を活かすためであった。その上で，この試みが成功した場合に，他の諸国の参加を求めるという慎重な方針がとられた。

AISG の活動の目的は，参加国における会計理論および実務に関する比較研究を行うため，その時代の会計問題に関して，報告書を作成して公表することにあった[2]。AISG は，地道に研究活動を進めて，全部で20編の報告書を公表している[3]。AISG が公表した報告書の多くは，後に設立される IASC が設定する国際会計基準（IAS）として公表されている。ここから，AISG の活動が，IASC に多大な影響を及ぼしていることが理解できる。

Section 2　IASC の設立

AISG が設立された後，世界のさまざまな国々で会計不正や企業破綻が起こり，企業社会と会計専門職に対する批判が生じた。その結果，いっそう高度でかつ厳格な会計基準が要求されるのと同時に，国際的に利用される会計基準を設定する国際組織の必要性が主張された[4]。

1973年6月に，イギリスのロンドンで，アメリカ，イギリス（アイルランドを含む），オーストラリア，オランダ，カナダ，ドイツ，フランス，メキシコおよび日本の9カ国の会計士協会の代表が集まった。そこで，IASC の設立に関わる合意書および定款が審議および承認された後，初代会長に元 ICAEW の会長であったベンソン氏が就任して，IASC が設立された[5]。

当初の IASC の目的は，公共の利益のために，監査される財務諸表の作成にあたり遵守されるべき会計基準を設定および公表し，それらの基準が世界的に受け入れられて遵守されるように努力することであった[6]。

1984年に，国際会計士連盟（IFAC）の加盟団体が IASC に加わり，IASC への加盟団体は一気に増加した。それと同時に，IASC は国際的な会計基準の設定主体となって，会計基準の国際的調和に向けての活動を行うことが IASC

の目的に付け加えられた。改訂版 IASC の目的は，以下のとおりである[7]。

① 財務諸表の作成提示にあたり，準拠すべき会計基準を公共の利益のために公表し，かつこれが世界的に承認され遵守されることを促進し，

② 財務諸表の作成提示に関する規則，会計基準および手続の改善および調和に向けて広く活動する。

IASC は民間機関であり公的機関でないことから，各国の会計基準を IAS に準拠させるような強制力を持っていなかった。したがって，IASC は，各国がIAS を受け入れやすくするため，各国の会計環境を考慮して，さまざまな会計基準または会計法規をできる限り相互に調整して，最大公約数的な会計基準を設定した。そのため，多くの IAS が，類似する会計事象に関して複数の代替的処理を認めていた。また，IASC は各国の会計士協会を加盟団体としており，必ずしも会計基準の設定主体でなかったことから，IAS を何らかの形で自国の会計基準として受け入れる国，あるいは IAS に従って財務報告を行う企業はほとんど現れなかった。その結果，IASC の活動は形骸化していった。

IASC の活動の形骸化に変化を生じさせたのは，証券監督者国際機構

> **Glossary—用語解説**
>
> **国際会計士連盟（IFAC）**
>
> IFAC とは，1977年に，調和された基準を有して，協調しあった世界の会計専門職を発展させることを目的として設立された国際組織である。IFAC は，1984年当時，49カ国，63職業会計士団体から構成されていた。2024年 5 月現在，135カ国，180職業会計士団体となっている。
>
> **証券監督者国際機構（IOSCO）**
>
> IOSCO は，1974年に設立された米州証券監督者協会（IASCO）を母体として設立され，アメリカおよびカナダがラテン・アメリカ諸国の証券監督機関や証券取引所を指導および育成することを目的とした組織である。
>
> 1986年に，IASCO にイギリス，フランス等が参加したことを契機に，IASCOは IOSCO に改名された。1988年に日本の大蔵省証券局（現在，金融庁）等がIOSCO に加入し，加入国も増加した。
>
> IOSCO には，2024年12月現在，正会員として134機関，準会員として32機関および協力会員として74証券取引所が加入している（IOSCO の HP より（https://www.iosco.org/））。

（IOSCO）である。IOSCO は，各国の証券市場を規制する機関等から構成されており，国際的な証券市場において規制を行う権威を持った国際的な組織である。IOSCO は，1987年に IASC の諮問グループ（consultative group）となり，IAS の改善に向けて IASC の活動を支持していく方針を表明した[8]。これによって，IASC の IAS 設定活動は，IOSCO の権威のもとに進められることになった[9]。

Section 3　財務諸表の比較可能性・改善作業プロジェクト

　IOSCO が IASC の諮問グループに加わるのと同時に，IASC は，会計基準の国際的調和を達成することを目的として，比較可能性・改善作業プロジェクト（Comparability / Improvement Project）を開始した。比較可能性・改善作業プロジェクトでは，以下の公式文書が公表されている。

⑴　「財務諸表の作成および表示に関するフレームワーク」

　IASC は，1989年に「財務諸表の作成および表示に関するフレームワーク」（以下，1989年概念フレームワーク）を公表した。これは，IASC が演繹法（deductive approach）により会計基準を設定する上で会計の前提あるいは理論的基礎を提供する会計基礎概念であり，概念フレームワークと呼ばれる。IASC は，財務諸表の比較可能性を念頭に，会計基準の国際的調和を達成するために，概念フレームワークの構築によって会計基礎概念を確立して，理論的に首尾一貫した会計基準の設定を意図していた。

図表 2-1　1989年概念フレームワークの構成

①	財務諸表の目的
②	財務諸表の質的特性
③	財務諸表の構成要素
④	財務諸表の構成要素の認識
⑤	財務諸表の構成要素の測定

1989年概念フレームワークの構成および内容は，IASC よりも早く概念フレームワークを構築していたアメリカ，イギリスおよびカナダにおけるものと，基本的に類似している[10]。1989年概念フレームワークの構成は，図表2-1のとおりである（詳細については，Chapter 4 を参照）。

⑵　公開草案第32号「財務諸表の比較可能性」および趣旨書「財務諸表の比較可能性」

IASC は，1989年概念フレームワークを公表するのと同時に，IAS が認めている代替的処理を除去するため，公開草案（exposure draft）第32号「財務諸表の比較可能性」（E32）を公表した。

E32は，代替的処理の削減について，以下の規準を採用した[11]。

①　現在の世界的な実務ならびに各国の会計基準，法律および「一般に認められた会計原則」（GAAP）の趨勢

②　IASC の1989年概念フレームワーク（筆者注：当時は公開草案）への準拠

③　規制監督者およびその代表団体，例えば，IOSCO 等の見解

④　同一の IAS の中での首尾一貫性と他の IAS との首尾一貫性

また，E32は，削除しきれなかった代替的処理を採用している企業の場合，優先的処理を採用した場合との純利益および株主持分の差額に関する調整表を作成して開示するように提案した[12]。

IASC は，1990年に E32へのコメント・レターへの検討を行った後，趣旨書「財務諸表の比較可能性」を公表した。趣旨書では，それまで許容されていた多くの代替的処理が削除されたが，すべてを削除することはできなかった。また，E32が提案した調整表の作成および開示は，企業に要請するとはいうものの，規定しないこととされた[13]。ここから，IAS に基づいて財務諸表が作成されたとしても，会計処理が複数存在することによって，財務諸表の比較は依然として困難なままであった。

こうして，IASC の比較可能性・改善作業プロジェクトは，1993年11月に10の改訂 IAS を公表して終了した。

Section 4　IAS の承認と課題

　IOSCO は，1993年に40のコア・スタンダード（Core Standards）のリストを作成し，包括的な会計基準の体系の構築に向けて IAS の内容の検討を要求した。コア・スタンダードとは，多国間公募で用いられる財務諸表を作成する際に利用される会計基準が備えるべき最小限の（必須の）会計基準を意味する[14]。IASC は，それに伴って IOSCO の要求への対応を迫られることになった[15]。

　2000年5月に，IOSCO は IAS の評価を終えて，30の IAS をコア・スタンダード[16] として承認し，世界の資本市場で資金調達および上場する企業に対して，IAS に従って財務諸表を作成することを認める勧告をした[17]。世界の証券市場の法規制に影響を及ぼす IOSCO が，30の IAS をコア・スタンダードとして承認することにより，外国の証券市場で資金調達あるいは上場する企業は，IAS に従って財務報告を行うことになる。これは，これまで MNEs が抱えていた会計実務上の問題を解決して，財務諸表を比較可能にするものと考えられた。

　ところが，その勧告では，以下のような特記事項が記されている[18]。

　① 今回の決議の対象は，多国籍の発行体がその本国以外で行う資金調達，すなわちクロスボーダーでの資金調達に関するものである。

　② コア・スタンダードとして承認されたものは，30の IAS とそれらに付随する解釈指針に限られるものである。

　③ 各国の監督当局は，必要に応じて，調整（reconciliation），開示（disclosure），および解釈（interpretation）といった追加的措置（supplemental treatments）をとることが認められる。

　ここで，調整とは，IAS のもとで適用される方法と異なった会計処理を適用する場合の影響を示すために，特定の項目に対する調整を求めることである。

　開示とは，財務諸表の表示あるいは注記において追加的開示を求めることである。

解釈とは，IASの中に規定された特定の代替的処理の使用について，あるいはIASが不明確または何も規定していない場合における特定の解釈について明示することである。

このような追加的措置の背景には，E32以来，調整表の作成および開示を要求し続けてきたアメリカの証券取引委員会（SEC）が強く影響を及ぼしたと考えられる[19]。

一方で，アメリカのSECと会計基準の設定主体である財務会計基準審議会（FASB）は，以下の理由から，IASをコア・スタンダードとして承認しなかった。

① IASCが依然としてIASの中で代替的処理を容認していたこと
② それにもかかわらず調整表の作成が義務づけられなかったこと

こうして，IASCによる会計基準の国際的調和の限界が明らかとなり，組織改革等により，新たに会計基準の国際的統一・収斂が目指されることになる。

■注

1) Benson, 1976, p.41.
2) AISG, 1975, Foreword.
3) 詳細については，以下を参照。https://www.agu.ac.jp/~ichiro/（Topic 2 - 1 ）.
4) Benson, 1976, pp.42-43.
5) 辰巳，1981, p.267。
6) IASC, 1973a & 1973b.
7) IASC, 1983a & 1983b, par.8.
8) SEC, 1988, pp.1-2.
9) 詳細については，以下を参照。https://www.agu.ac.jp/~ichiro/（Topic 2 - 2 ）.
10) 向，1998, pp.135-160。
11) IASC, 1989, par.1.
12) IASC, 1989, par.18.
13) IASC, 1990, par.11.
14) IASCのホームページ，"Current Projects," Core Standards（http://www.iasc.org.uk/frame/cen 3 _5.htm）より。現在，当該ページは存在しない。
15) IASの個別評価は，IASCが検討しない限りコア・スタンダードとして受け入れることができない「改訂必須項目」，必ずしも検討しなくても受入れ可能な「検討留保項目」，改訂必須項目の取組みの中で，財務諸表全体にわたる比較可能性と透明性が高まる「その他

の項目」，および「潜在的な長期プロジェクト」に区分して行われた。その結果，IOSCO
と IASC との間での確執もみられた。

16)　詳細については，以下を参照。https://www.agu.ac.jp/~ichiro/（Topic 2 - 3）.

17)　IOSCO, 2000, p.2.

18)　剣持，2000, p.95。

19)　詳細については，以下を参照。https://www.agu.ac.jp/~ichiro/（Topic 2 - 4）.

Chapter

3

会計基準の
国際的収斂の動向

Objective of this Chapter ―本章の目的

　本章では，国際会計基準委員会（IASC）に代わり設立された国際会計基準審議会（IASB）が中心となって進めてきた会計基準の国際的収斂の方法と現状について学習する。本章では，会計基準の国際的収斂に関連して，IASB の組織の特徴と活動，および会計基準の国際的収斂に向けての会計環境の異なった国々における対応（initiatives）に，どのような類似点および相違点があるかを理解する。

Section 1　IASB の設立

　IASC は，コア・スタンダードの完成が現実のものになってきた頃から，その後の IASC の戦略および構造がどうあるべきかについて，短期的目標および長期的目標について検討していた[1]。

① 短期的な目標は，各国の会計基準と国際会計基準（IAS）が高品質な解決策に向けて収斂することでなければならない。
② 長期的な目標は，グローバルな統一でなければならない。

　このような目標を達成するため，IASC は，それまでの経験と活動を各国の会計基準の設定主体の活動と結びつけることができるように，以下の2つの改革に取り組んだ。

① 効果的な組織構造改革
② 会計基準の設定に関するデュー・プロセス（due-process）改革

IASC は，1998年に，これらの改革に関する検討結果を討議資料（Discussion Paper）「IASC の将来像」として公表し，討議資料に対するコメント・レターについて検討した後，1999年に「IASC の将来像に関する勧告書」（勧告書）を公表した。

勧告書は，会計基準の設定過程における会計士団体の関与を著しく縮小して，おおむねアメリカの財務会計基準審議会（FASB）の主張である「国際的会計基準の設定が，会計士団体とは別の各国の会計基準の設定主体で構成された機関で行われ，職業会計士団体の承認を不要とすべき」という主張に沿ったものとなった。

2001年4月に，アメリカのデラウェア州に IASC 財団（IASC Foundation）が設立された。IASC 財団は，評議員会（Trustees），国際会計基準審議会（IASB），基準諮問会議（SAC）および解釈指針委員会（SIC）の4つの主要組織と事務局から構成された。IASC 財団のもとで中心として活動するのは IASB である。

IASC 財団は，評議員会を構成して，実際に会計基準を設定する IASB の理事会メンバー（Board member）を任命し，IASB の活動を監視する。SAC は，IASB あるいは評議員会に助言を提供する。SIC は，それまでの IAS の規定を解釈する役割を果たす[2]。SIC は，2002年に国際財務報告解釈指針委員会（IFRIC）へと改組された。

IASB は，各国の会計基準の設定主体から構成されている。IASB の設立当初の目的は，以下のとおりである[3]。

① 公共の利益のために，高品質の理解可能な，かつ，強制力のある単一の国際的な会計基準を設定する。その会計基準は，財務諸表およびその他の財務報告において，高品質の，透明性があり，かつ，比較可能な情報を要求し，世界の資本市場への参加者およびその他の情報利用者が経済的意思決定を行うのに役に立つものである。

② これらの会計基準が，利用および遵守されるように促進する。

③ 各国の会計基準と IFRSs（以下，IFRS）との高品質での収斂を達成するために，各国の会計基準設定主体と共同して積極的に作業を行う。

Glossary―用語解説

IFRSs（IASB, 2007a, p.9）

IFRSs は，IASB が採用した会計基準書と解釈指針であり，IFRS，IASB が承認して，IASC から受け継いだ IAS，SIC および IFRIC が作成した解釈指針から構成される。

2009年に，IASC 財団は，コーポレート・ガバナンスの問題に対応するために，監視理事会（Monitoring Board）を設置した。監視理事会は，評議員の任命に関与するのと同時に，各国の会計基準設定主体と公的な規制当局との関係を構築する役割を担う。

2013年には，会計基準の国際的収斂をいっそう進めるために，会計基準アドバイザリーフォーラム（ASAF）が設置された。ASAF は，主要な各国の会計基準設定主体や地域グループから構成され，IASB に対して技術的な助言を行うことを目的とする。ASAF は，諸外国の状況を把握しながら，積極的に意見発信する機会を提供する一方で，これまで IASB と主要各国とのバイラテラルに行われてきた協議関係を，世界各国とのマルチラテラルな関係へと変更した。

2010年には，IASC 財団は国際財務報告基準（IFRS）財団，SAC は IFRS 諮問会議（IFRS Advisory Council），IFRIC は IFRS 解釈指針委員会（IFRS Interpretations Committee, IFRICs）へと改組され，組織強化が図られた。

2021年に，IFRS 財団は，市場からの強い要望を受けて，国際サステナビリティ基準審議会（ISSB）を設立した。ISSB の目的は，以下のとおりである。

① グローバルなサステナビリティ開示のベースラインとなる基準を開発すること
② 投資者の情報ニーズを満たすこと
③ 企業がグローバルな資本市場に向けて包括的なサステナビリティに関する情報を提供すること
④ 各法域の開示および／あるいは幅広い利害関係者を対象とした開示との相互運用性を促進すること

ISSB は，2023年に2つのサステナビリティ開示基準を公表している。

図表3−1 IFRS財団の組織構造

IFRS財団　監視理事会 (Monitoring Board)		3.　公的説明責任
IFRS財団　評議員会 (Trustees)		2.　ガバナンス, 戦略および監視

IFRS 諮問会議
(IFRS Advisory Council)

国際会計基準審議会 (IASB)　　IFRS会計基準	国際サステナビリティ基準審議会(ISSB)　　IFRSサステナビリティ開示基準

1.　独立した基準設定および関連活動

（資料）IASB ホームページ（https://www.ifrs.org/）をもとに作成。（2024年12月23日最終アクセス）

・IFRS S 1 号「サステナビリティ関連財務情報の開示に関する全般的要求事項」
・IFRS S 2 号「IFRS サステナビリティ開示基準」

現在の IFRS 財団の組織構造は, 独立した基準設定およびその関連活動を行う機関, ガバナンスおよび監視を行う機関, ならびに公的説明責任を果たす機関に分けて説明される（図表3−1を参照）。

Section 2　会計基準の国際的統一の方法

国際会計の研究では, 会計基準を国際的に調和する方法として, 以下の2つがあると説明されてきた[4]。

①　会計基準の発展過程において, 社会環境の変容を考慮して, 時間をかけて無理のない会計基準の調和を実現する方法
②　公的な団体が国際的な会計基準を設定して, それを各国が受け入れることによって, 会計基準のさまざまな相違を縮小する方法

会計基準の国際的統一が検討されるようになると, 各国が採用した方法は, 以下の4つの方法に分類して説明される。

① 採用（Adoption）

② 承認（Endorsement）

③ 収斂（Convergence）

④ コンドースメント（Con-dorsement）

日本では，これまで日本の会計基準とIFRSとの差異の解消を目指して，多くの会計基準の改訂および設定が行われてきた。

採用は，IFRSをそのまま国内の会計基準として認める方法である。2012年より，マレーシアが，自国の会計基準をIFRSに一致させている[5]。

承認は，公表されたIFRSについて，それぞれの国の中で検討してから受入れについての承認を行うもので，適用できないものについては，修正して適用する方法である。現在，ヨーロッパ連合（EU）諸国，オーストラリア，ニュージーランド，カナダ等がこの方法を用いている。日本もまた，2014年に承認の方法をとることを表明して，2015年に「修正国際基準」（JMIS）を公表している。

収斂は，IFRSの内容に一致するように自国の会計基準を改訂する方法である。

コンドースメントは，収斂と承認の両方を合わせた方法である。2011年に，アメリカの証券取引委員会（SEC）は，アメリカの上場国内企業に対して，IFRSを単純に強制適用するのではなく，財務会計基準審議会（FASB）が5～7年をかけて，アメリカ会計基準にIFRSを段階的に組み込むことを表明した（SEC, 2011）。

これらの方法の中で，どれが最も適切であるかは，各国あるいは各国の会計基準設定主体がどのようにIASBの活動にコミットメントしていくのかとも関連して，極めて難しい問題である。

Section 3 会計基準の国際的収斂への主要国の対応

(1) ヨーロッパ連合

EU の前身であるヨーロッパ共同体（EC）加盟国では，1978年に制定された EC 会社法（Company Law）第4号指令（Fourth Directive）「年次計算書類」，および1983年に制定された EC 会社法第7号指令（Seventh Directive）「連結計算書類」を加盟国が国内法化することによって，会計基準の地域的調和が進められてきた[6]。しかし，EC 会社法指令の国内法化は予想以上に時間を要し，かつ国内法化が完了したにもかかわらず，EC 諸国の企業が公表する財務諸表の比較は，以下の2つの理由から依然として困難であった[7]。

① EC 会社法指令は，加盟国に数多くの選択権を容認していた。
② EC 会社法指令は，個別の会計問題に関する規定を行っていなかった。

1995年に，EC はデンマーク，フィンランドおよびスウェーデンの3カ国を加えて，EU へと拡大した。ヨーロッパ評議会（European Council）は，EU における経済の成長と雇用を促進するために，効率的かつ透明性の高い1つに統一された証券市場が重要であり，そのためにも財務報告の分野において，財務諸表の比較可能性を高めることが緊急の課題であると考えた。そこでは，EU 域内で統一的に用いられる会計基準として，以下の選択肢が検討された[8]。

① 独自に EU 会計基準を開発
② IAS を採用
③ アメリカの一般に認められた会計原則（GAAP）を採用

これらの選択肢の中で，独自に EU 会計基準を開発することは，EC 会社法指令の制定過程で，EC 統一会社法を制定することを断念した経験から，即座に却下された。アメリカの GAAP に関しては，IAS と比較検討した結果，その分量が膨大であり，極めて詳細な規定および解釈に基づいており，それを実務に適用するためには，かなりの教育と訓練が必要であるという短所が指摘さ

れた。それに対して，IAS に関しては，IAS が国際社会のニーズを満たす包括的かつ概念的に確固たる財務報告基準を提供し，アメリカの GAAP よりも，国際的な見地から設定されているという長所が指摘された[9]。

　その結果，EC 委員会は，2000年に，EU における上場企業に対して，IAS に従って連結財務諸表を作成することを提案し[10]，2002年に「国際会計基準の適用に関するヨーロッパ議会と評議会の規定」を公表して，2005年 1 月 1 日以降に始まる会計期間から，上場規定指令（Listing Particulars Directive）に従って目論見書を作成するすべての企業に対して，IFRS に従って連結財務諸表を作成しなければならないことを規定した[11]。

　一方で，EC 委員会は，EU の上場企業に対する財務報告規定の責任を，EU 以外の IASB という第三者に委譲することはできないと考え，以下の措置を施すこととした[12]。

　①　EU の法的枠組みの中で IAS の利用を規定する。

図表 3-2 EU における会計基準の承認メカニズム

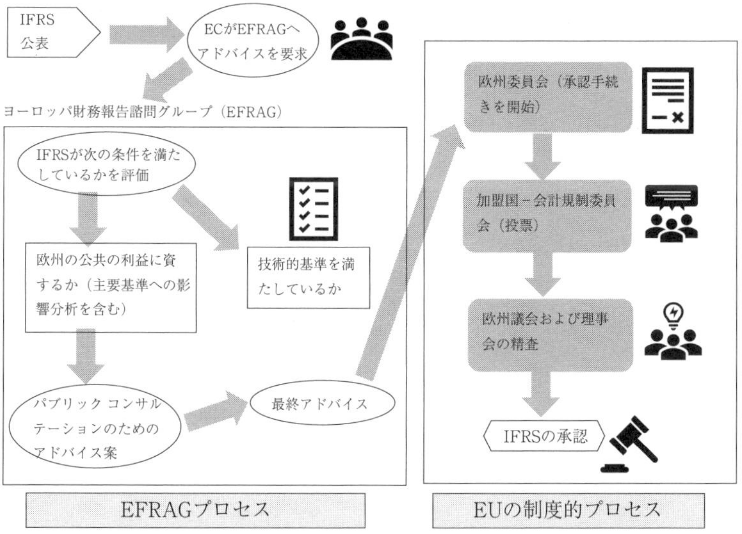

（資料）EFRAG ホームページをもとに作成。（https://www.efrag.org/）（2024年12月23日最終アクセス）

② EUの上場企業がIASを利用する上で，IASの内容に不十分な点あるいは問題点がないかを確認し，EUの上場企業がIASを遵守しているかについて公的に監視する承認機関を設ける（承認メカニズム（endorsement mechanism）の採用）。

　EUでは，承認メカニズムの採用において，EU諸国の代表者から構成される会計規制委員会（ARC）が設立された。ARCは，IFRSが公表されたならば，それがEUの環境に適しているか否かを一旦確認した上で，EU域内で適用する会計基準とする承認機構である。ARCは，これまで一部の金融商品の会計基準について承認していない。

　現在のEUにおける会計基準の承認メカニズムは，図表3-2のとおりである。

⑵　オーストラリア・ニュージーランド

　オーストラリアとニュージーランドは，ともに旧イギリス連邦諸国であり，地理的にも隣接していることから，1983年に経済緊密化協定（Closer Economic Relations Agreement）を締結した。経済緊密化協定の締結後，両国の貿易額は急激に増加したため，1994年に両国の法令等の相違を認識した上で，両国の会計基準の不必要な相違を除去して，調和していくことが表明された[13]。

ⅰ　オーストラリア

　オーストラリアでは，1997年に，大蔵省（The Treasury）が会社法経済改革計画（CLERP）の一環として会計改革を行うことを表明し[14]，改革提言書（Proposals for Reform）第1号（Paper No.1，以下，CLERP第1号）を公表した。CLERP第1号は，オーストラリアの会計基準の設定について，以下の3つの方法を検討した[15]。

①　オーストラリアの会計基準の品質を維持して，オーストラリア独自の会計基準を設定する。

②　アメリカのGAAPまたはIASを採用する。

③　オーストラリアの会計基準をIASに調和する。

CLERP 第 1 号は，以下の理由から，これら 3 つの方法の中のオーストラリアの会計基準を IAS と調和する方法の採用を提案した[16]。

① オーストラリア独自の会計基準を設定することは，会計基準の調和に向けた国際的な動向から望ましいものではない。

② アメリカの GAAP を採用することは，アメリカの証券取引委員会（SEC）が，（当時）IAS の受入れを表明していることから望ましくない。

③ IAS を採用することは，（当時）IAS が必ずしも 1 組の国際的に受け入れられた会計基準となっていないから望ましくない。

④ オーストラリアの会計基準を IAS に調和することは，オーストラリアが積極的に IAS の設定に携わることにより，高品質の国際的な会計基準の設定に協力する方法でもあり，最も望ましい。

IAS との調和化に向けての活動を行うために，CLERP 第 1 号は，以下のようなオーストラリアにおける会計基準の設定主体の改革を提案した[17]。

① 国際的に認められた会計基準の設定過程を監視し，かつその動きを促進するために責任を有する機関として，多くの利害関係者から構成された財務報告審議会（FRC）を設置する。

② これまでのオーストラリア会計基準審議会（AASB）と公共部門会計基準審議会（PSASB）を統合して，法令によって権威の与えられた会計基準の設定主体であるオーストラリア会計基準委員会（AASC）を設立する。

2001年に，FRC および AASC が，オーストラリア証券投資委員会（ASIC）法において設立された。AASC は，その後，以前にも用いられていたオーストラリア会計基準審議会（AASB）（以下，新 AASB）という名称に変更されている。

新 AASB は，設立以降，IASB のプロジェクト等に積極的に関わり，オーストラリアの会計基準と IFRS との調和を進めてきた。新 AASB が，リエゾン・メンバーとして IASB と密接な関係を構築したことから，FRC は，2002年に，EU における IFRS 適用と時期を同じ2005年 1 月 1 日以降に始まる会計

期間より，オーストラリアの会計基準として IFRS を採用することを表明した。

これは，1組の高品質の会計基準が，国際的な資本市場で受け入れられることにより，投資家に対してクロスボーダーな比較を容易として，企業の資本コストを減少し，資本の増強あるいは外国での上場を目指すオーストラリアの企業のためになると考えることに基づいている。

現在，オーストラリアで適用されている会計基準は，IFRS にオーストラリアの法令または制度を考慮して，必要な修正を施した「IFRS と同等性を有するオーストラリアの会計基準」となっている（Australian Securities and Investments Commission Act 2001）。そこでは，IASB より公開草案（Exposure Draft）が公表された場合，企業に対して積極的にコメントすることが要求されている[18]。

(ii) ニュージーランド

ニュージーランドの会計基準検討審議会（ASRB）も，オーストラリアがIFRS の採用を表明した2002年に，2007年1月1日以降に始まる会計期間よりIFRS を採用することを表明した。これは，2005年から早期適用が認められている。

ニュージーランドでは，「IFRS と同等性を有するニュージーランドの会計基準」が，IFRS に準拠した内容で公表されて，それをすべての営利企業が適用するように規定されている[19]。

(3) カナダ

カナダは，旧イギリス連邦諸国であるが，アメリカと地理的に隣接していることから，経済的に強大なアメリカの影響を強く受けて発展を遂げてきた。1988年に，カナダとアメリカとの間で自由貿易協定（FTA）が締結され，その後1992年に，メキシコを含めた北米自由貿易協定（NAFTA）に発展している。

1991年には，カナダ証券管理局（CSA）とアメリカの SEC との間で，相互承認開示制度（MJDS）が締結された。MJDS は，一定の資格要件[20]を満たした民間発行体に対して，自国の会計基準に準拠して作成された目論見書およ

び開示資料を，そのままそれぞれの証券市場への登録および報告書として利用することを認めるものである[21]。

しかし，カナダの公開企業の規模はアメリカの企業に比較して小さいことから，MJDSを適用する資格要件を満たすことのできない公開企業が数多く存在した。すなわち，カナダの企業でアメリカの証券市場に上場する企業の多くが，MJDSの恩恵を受けることができなかった。

ここから，カナダの一部の研究者および財務諸表の作成者たちは，アメリカの会計基準が厳格かつ幅広いディスクロージャー規定であるという理由のもとに，カナダの会計基準に代えて，アメリカの会計基準を適用することを容認するか，カナダにおいてアメリカの会計基準を採用することを主張してきた[22]。これは，カナダとアメリカの会計基準の調和あるいは統一が最も重要であり，それにより情報利用者の意思決定に有用な情報が提供されるという考え方に基づいていた。

その一方で，カナダにおける会計基準の設定主体である会計基準審議会（AcSB）は，2003年に，「AcSBの計画」を公表した。そこでは，以下の3つのプロジェクトが示されている[23]。

① 1つのグローバルな会計基準への統合に向けて活動するプロジェクト
② カナダの会計基準をアメリカの会計基準と調和させることを意図したプロジェクト
③ アメリカあるいは国際的なものとは別に，必要に応じてカナダの会計基準を改善するプロジェクト

AcSBは，2006年に戦略的計画「カナダにおける会計基準：新たな方向性」[24]を公表した。そこでは，資本市場のグローバリゼーションが生じていることから，2011年1月1日以降に始まる会計期間より，公的説明責任を有する企業（publicly accountable enterprises）のために，カナダの会計基準をIFRSに収斂することによって，グローバルに認められた，高品質の会計基準を採用することが時宜を得たものであると結論づけている[25]。

AcSBは，2007年3月に，カナダの会計基準とIFRSとの比較検討を行い，どのような相違点が残っているかについて明らかにした[26]。その後，2009年

3月に，公的説明責任を有する企業に対して，2011年1月1日以降に始まる会計期間より，IFRSを現在のカナダの会計基準に代えて採用することが提案された[27]。現在ではIFRSをAcSBが承認した上で，カナダの国内会計基準として受け入れている。

(4) アメリカ

アメリカは，IASC設立の基礎となった会計士国際研究グループ（AISG）の活動はもちろんのこと，その後のG4+1およびジョイント・ワーキング・グループ（JWG）などの会計基準に関する研究活動を通して，IASCの会計基準の設定過程に協力してきた。また，証券監督者国際機構（IOSCO）がIASをコア・スタンダードとして承認する過程およびIASBへの改組の過程においても，多大な影響力を発揮してきた。

2001年にIASBが設立されると，2002年9月に，IASBはアメリカの財務会計基準審議会（FASB）との間で覚書（MoU）「ノーウォーク合意」（Norwalk Agreement）を締結した[28]。これは，IASBとFASBが，国内およびクロスボーダーの財務報告に用いられる高品質で，互換性のある会計基準を共同で設定することに同意したものである。FASBは，当初，2005年頃を目処としてアメリカのGAAPとIFRSの収斂を考えていたが，両会計基準間の相違があまりに多く，かつ複雑な性質を有していることから，完全な収斂を達成することはできなかった。

Glossary—用語解説

G4+1

アメリカ，イギリス，オーストラリア（ニュージーランドを含む）およびカナダの会計基準設定主体から構成されて，それにオブザーバーとしてIASCが参加して，資本市場の参加者にとって意思決定に有用な情報を提供する高度な質の会計基準設定を行うことを目的とした組織である。

JWG (Joint Working Group of Standard Setters)

1997年に，IASCが金融商品の会計に関する包括基準を検討するために，アメリカ，イギリス，カナダ，オーストラリア，ドイツ，ニュージーランドおよびフランスの当時の会計基準設定主体と日本の公認会計士協会ならびにIASCから設立された組織である。

そのような中，SEC は，2007年7月に外国登録会社に対して，アメリカの GAAP への調整表なしに，英語版 IFRS で作成された財務諸表の使用を認めることを提案し[29]，2007年11月16日以降に終了する会計年度の年次報告から適用することとなった[30]。また，SEC は，2007年8月にアメリカの国内上場企業に対しても，IFRS の採用を認めるコンセプト・リリース（Concept Release）を公表し，アメリカにおける IFRS 採用に向けてのロードマップを公表した[31]。

ところが，2011年5月に SEC が公表したスタッフ・ペーパー（Staff Paper）は，アメリカの国内企業に IFRS を単純に強制適用するのではなく，FASB が5～7年をかけて，アメリカの会計基準に IFRS を段階的に組み込むコンドースメント・アプローチを採用することを表明した[32]。

これは，アメリカにおける IFRS 導入に向けての大きな方向転換であり，日本の IFRS 導入にも多大な影響を及ぼすことになった。

Section 4　会計基準の国際的収斂への日本の対応

(1)　会計ビッグ・バンと国際標準の会計基準設定

日本では，1973年の IASC の設立以来，日本公認会計士協会（JICPA）が IASC のメンバーとなって，IASC の会計基準の国際的調和化への活動に関与してきた。しかし，日本の会計基準の設定主体は，当時，政府・大蔵省（現在，金融庁）の内部機関である企業会計審議会であり，JICPA ではないことから，IAS に準拠して財務諸表を作成する企業は皆無であった[33]。

1990年にバブル経済が崩壊して以降，急激な株価の下落と企業活動の低迷によって金融・証券市場が衰退すると，橋本龍太郎首相（当時）は，1996年に「わが国金融システムの改革～2001年東京市場の再生に向けて」と題する金融システム改革構想（金融ビッグ・バン（big bang））を発表した。金融システム改革構想は，フリー（市場原理に基づく自由な市場），フェアー（透明で公正な市場），グローバル（国際的で先端的な市場）を3つの柱として進められた。

バブル経済の崩壊は，日本の企業に対して，金融商品の時価の下落，金融機関に生じた不良債権等が財務諸表に正しく表示されていないといった批判を生じさせた。そこで，1997年以降，国際市場で受け入れられる会計制度の構築に向けて大改革が進められるようになった。これは，金融ビッグ・バンに対応して，会計ビッグ・バンと呼ばれる。会計ビッグ・バンは，透明性の高いディスクロージャー，国際標準の会計基準への調和，国際的に比較可能な財務諸表の確保の3つを目的とした。

会計ビッグ・バンは，当時の会計基準の設定主体であった企業会計審議会が中心となって進められた。そこでは，企業会計のパラダイム転換と考えられるような以下の内容が中心であった。

① 個別決算重視から連結決算重視
② 金融資産への時価評価の導入
③ （連結）キャッシュ・フロー計算書の制度化

(2) 企業会計基準委員会の設置と IFRS 同等性評価

IASC から IASB への改組が検討されるようになると，日本の会計基準の設定主体に関して，アメリカ，イギリスなどのアングロ・サクソン諸国と同様に，民間団体による会計基準の設定主体の設立が求められた。そこで，2001年に，財務会計基準機構（FASF）が設立されて，その内部機関として企業会計基準委員会（ASBJ）が設置され，民間団体が日本の会計基準の設定主体となった[34]。

FASF は，日本における会計・ディスクロージャーの諸制度の健全な発展と資本市場の健全性の確保に寄与することを目的とした。ASBJ は，FASF の事業の中で，一般に公正妥当と認められる企業会計の基準およびその実務上の取扱いに関する指針の開発に係る事業を委任されて，以下の2つの役割を担って活動を開始した[35]。

① 国内の会計基準の設定および整備
② 会計基準の国際的収斂への対応

しかし，2004年に，IASB のトゥイーディー（Tweedie, D.）議長（当時）は，「日本は世界で最も不透明な財務報告制度をもつ国の1つであり，日本の企業が他の国において上場することは困難である」と述べて，会計基準の国際的収斂への日本の対応に対して苦言を呈した。同様の批判は，2005年に EU のヨーロッパ証券規制当局委員会（CESR）（2011年以降，ヨーロッパ証券市場監督機構（ESMA））が公表した「技術的助言」（Technical Advice）[36] からも理解できる[37]。これは，アメリカ，カナダおよび日本の会計基準と IFRS との同等性について評価したものである。CESR は，日本と IFRS の内容について，およそ同等であると評価する一方で，日本の会計基準に関連して，26項目の追加的な開示あるいは補完計算書の開示を要求した（図表 3 - 3 を参照）。これは，カナダおよびアメリカに比較して，最も多くの補正措置である。

ASBJ は，これまで会計基準の国際的収斂に関して，相互承認と市場競争による収斂という二段構えのアプローチをとってきた。その背景には，世界の主要国あるいは日本の会計基準は，長い歴史の中で設定されてきたものであり，無条件で IFRS を受け入れることには市場関係者からの理解が得られないという考え方があった。ただ単に日本の会計基準を IFRS に合わせるのが収斂ではないと考えたからである[38]。

ASBJ は，日本が IFRS を採用する以外の形での国際的な収斂を目指してお

図表 3 - 3 EU 同等性評価が要求した補完措置

Remedies		JPN	CAN	U.S.
Disclosure A	第三国基準によってすでに提供されている定性的および／または定量的開示の拡充（＊1）	13	7	8
Disclosure B	事象または取引が IAS/IFRS に準拠して処理された場合における財務諸表への影響額についての定量的な開示（＊2）	9	5	9
Supplementary Statements	第三国基準で開示されない情報の開示	3	1	1
Future Work		1	1	1
合　　計		26	14	19

（＊1） 例えば，関連する取引・事象およびそれらの会計処理方法の説明，取引・事象の測定・認識に用いられている過程や評価方法の表示，資産の公正価値の開示。
（＊2） 損益または株主持分への税引前後の影響額。

り，収斂と採用の違いは，単一の高品質な会計基準の設定という目標へのプロセスの違いであり，目標そのものの違いではないという見解を主張してきた[39]。ASBJ は，日本を含めて世界に受け入れられる基準を設定するために，長い時間をかけて漸進的に収斂を達成することが必要と考えていた[40]。これが，日本の会計基準の国際的収斂に向けての対応への批判の原因と考えられる。

(3) 東京合意と国際的収斂の加速と停滞

2007年8月に，ASBJ は IASB との間で MoU（東京合意（Tokyo Agreement））を締結した。これは，ASBJ が，2008年までに日本の会計基準と IFRS との主要な差異を解消し，2011年6月末までに残りの差異も除去して収斂を達成することを表明したものである[41]。東京合意では，ASBJ の意見を IASB の作業計画の中に取り込むように要請されているとはいうものの[42]，日本の会計基準が実質的に IFRS へ歩み寄ることを表明したものと考えられる。ここに，これまでの ASBJ の会計基準の収斂に向けての方針の変更が感じられる。

その後，企業会計審議会は，2009年に，「我が国における国際会計基準の取扱いに関する意見書（中間報告）」を公表して，IFRS 適用に向けた早期検討の必要性を主張した。同年，金融庁は，「連結財務諸表の用語，様式及び作成方法に関する規則」第93条において，特定会社（現在，指定国際会計基準特定会社）[43] に対して，2010年3月期決算から指定国際会計基準[44] に従って連結財務諸表を作成することを容認した。このように IFRS 導入に向けた準備作業が進行するとともに，日本では2015〜16年から IFRS が強制適用されるとの報道が行われてきた。

ところが，2011年5月に，アメリカの SEC がスタッフ・ペーパーを公表したことを契機として，日本のそれまでの IFRS 導入に向けた動きに変化が生じてきた。SEC のスタッフ・ペーパーが公表された翌月，日本の自見庄三郎金融担当大臣（当時）は，「IFRS 適用に関する検討について」において，少なくとも2015年3月期における IFRS の強制適用は考えていないこと，仮に強制適用する場合であってもその決定から5〜7年程度の十分な準備期間を設けることを表明した。その結果，日本の会計基準の国際的収斂に向けての活動は停滞することとなった。

Chapter 3 会計基準の国際的収斂の動向 41

⑷ 修正国際基準の公表と承認方法の採用

　2012年11月に，世界で初めての IASB のサテライトオフィスであるアジア・オセアニア・オフィスが東京に開設された。IASB のフーガーホースト（Hoogervorst）議長および評議員会のプラダ（Plada）委員長は，ともに日本がアジアにおいて IFRS を普及する上で極めて重要な国であると位置づけて，IFRS の今後の戦略を支えるためにも，日本のすべての企業が IFRS を適用することへの期待を表明した[45]。

　これに対して，ASBJ は，2014年 7 月に，公開草案「修正国際基準」（JMIS）を公表し，2015年 6 月に正式に承認した。JMIS は，日本が会計基準の国際的収斂に関して，「採用」ではなく，IFRS を「削除又は修正」することで「承認」手続きを行っていくことを表明したものである。JMIS は，具体的に，IASB の「その他の包括利益」（other comprehensive income, OCI）および「のれんの減損」に関する会計処理等について，IFRS の内容が日本の会計基準設定における基本的な考え方と異なっているとして，「削除又は修正」を行っている。

　JMIS が公表されたことで，日本の上場企業が財務報告を行う場合に適用可能な会計基準は，以下の 4 つとなる。1 つの国の上場企業に 4 つの異なった会計基準からの選択が容認されることは，財務諸表の比較可能性の達成をいっそう困難にすると考えられる[46]。

① 日本の ASBJ が設定した会計基準等
② アメリカ GAAP（アメリカで資金調達を行っている企業）
③ ピュア IFRS（完全版 IFRS）
④ JMIS

Section 5　会計基準の国際的収斂の現状

　図表 3 - 4 は，IASB による世界168カ国における IFRS の受け入れの現状に関する調査結果である。2024年12月現在，168カ国中160カ国（95.2％）が，上

場国内企業に対して IFRS の適用を義務づけるかあるいは適用を認めており，
IFRS の適用を認めていない国は，8 カ国（4.8%）であった。

図表 3 − 4　上場国内企業に対する IFRS の適用状況

（2024年12月現在）

地域	調査対象国 (juris-dictions)	IFRS をすべてのあるいはほとんどすべての国内公開企業に対して強制している国		IFRS を少なくとも一部の国内公開企業に対して容認または強制している国		IFRS を容認または強制している国合計		IFRS をいまだ国内公開企業に対して強制あるいは容認していない国[*1]	
	数	数	%	数	%	数	%	数	%
Europe	44	43	97.7%	1	2.3%	44	100.0%	0	0.0%
Africa	39	37	94.9%	1	2.6%	38	97.4%	1	2.6%
Middle East	13	12	92.3%	1	7.7%	13	100.0%	0	0.0%
Asia-Oceania	35	28	80.0%	2	5.7%	30	85.7%	5	14.3%
Americas	37	26	70.3%	9	24.3%	35	94.6%	2	5.4%
Totals	168	146	86.9%	14	8.3%	160	95.2%	8	4.8%

（＊1）　Africa: Egypt
　　　　Asia-Oceania: China, India, Indonesia, Macao SAR, Vietnam
　　　　Americas: Bolivia, United States
（資料）　IASB のホームページ。https://www.ifrs.org/（2024年12月23日最終アクセス）

　IFRS の適用を認めていない国々においても，自国の会計基準への IFRS の
採用が進められている。例えば，中国およびインドでは，自国の会計基準が
IFRS へ収斂していると説明される。ボリビアでは，すでに IFRS を採用する
計画が承認されていて，政府による最終的な決定を待つ状況である。インドネ
シアは，国際的に認められた会計基準として IFRS を支持していて，すでに一
部を除いて実質的に IFRS に収斂した自国の会計基準が設定されている。エジ
プトでは，2013年版 IFRS が自国の会計基準に数多く採用されている。マカオ
特別行政区では，一部の IFRS が自国の会計基準に採用されていて，今後も状
況に応じて IFRS を採用する予定であるという。
　この調査結果は，すでにクロスボーダーで資金調達を行う大多数の企業が，
IFRS に収斂した会計基準により財務報告を行うことができることを示している。

Chapter 3　会計基準の国際的収斂の動向　43

■注

1 ）　IASC, 1998a, par.58.
2 ）　IASB, 2007a, pp.3-5.
3 ）　IASB, 2001, par.6.
4 ）　Most, 1984.
5 ）　マレーシアの会計基準が，必ずしも IFRS と全面的に一致したものではないという意見もある。
6 ）　Council of the European Communities, 1978 & 1983.
7 ）　Van Hulle, 1993, pp.387-396.
8 ）　詳細については，次の拙稿を参照。
　　　向，2003a および向，2003c。
9 ）　Van Hulle, 1993, p.391.
10)　EC Commission, 2000, par.17.
11)　EC Commission, 2002, Article 3. ただし，社債を EU の証券市場で発行しているヨーロッパの会社と，以前より EU 加盟国以外の証券市場に上場して，国際的に認められた会計基準に従って財務報告を行っているような公開企業に対して，2007年（その後，2009年に延期されている）まで IFRS の適用を延期することが認められた。
12)　EC Commission, 2000, pars.18-21.
13)　AASB, 1994, par.1 & ASRB, 1994, Objective.
14)　AASB, 1995 & AASB & PSASB, 1996, pars.2.1-2.2.
15)　The Treasury of Australian Government, 1997, p.22.
16)　The Treasury of Australian Government, 1997, pp.22-28.
17)　The Treasury of Australian Government, 1997, pp.29-37.
18)　FRC, 2002.
19)　ASRB, 2004a. そのほか，次の文献を参照。
　　　ASRB, 2004b. Cabinet Economic Development Committee, 2005.　ASRB, 2007. ASRB, 2009.
20)　両国の企業が MJDS を実際に用いるためには，株式時価総額に関して，為替レートを考慮してカナダとアメリカと同一の資格要件が定められていた（SEC, 1991）。
21)　詳細については，次の拙著を参照。向，1998。
22)　Martin, 2004, p.11.
23)　CICA, 2003, p.1.
24)　CICA, 2006. それ以前には，AcSB は，2004年に「カナダにおける会計基準：将来の方向性」，2005年に戦略的計画草案「カナダにおける会計基準：将来の方向性」を公表している（CICA, 2004, CICA, 2005）。
25)　CICA, 2005, p.1.
26)　CICA, 2007. なお，2008年７月にも，カナダの会計基準と IFRS との比較検討が公表されている（CICA, 2008a）。
27)　CICA, 2009.
28)　FASB&IASB, 2002. なお，詳細については，以下を参照。https://www.agu.ac.jp/~ichiro/（Topic 3 - 1 ）.
29)　SEC, 2007a.

30) SEC, 2007c.

31) SEC, 2007b.

32) SEC, 2011.

33) 佐世保重工業が，英文アニュアル・リポートにおいて国際会計基準（IAS）に準拠した財務諸表を作成・開示していた。

34) 詳細については，以下を参照。https://www.agu.ac.jp/~ichiro/（JPN Comparison 3-1）．

35) 斎藤，2003, p.5。

36) CESR, 2005.

37) 2007年に CESR が公表した日本の会計基準の改善状況についての中間報告では，日本の収斂に向けての活動を高く評価する一方で，依然として相違が解消されていないことが指摘された（EC Commission, 2007）。

　　2008年12月には，EC 委員会は，日本の会計基準をアメリカの会計基準とともに，EU で採用されている IFRS と同等であることを認める旨の発表を行った（EC Commission, 2008）。

38) 斎藤，2007, pp.14-24。斎藤教授（企業会計基準委員会委員長。当時）は，論文における見解があくまで私見であることを強調されている。ただし，参考とした箇所は，収斂に向けての ASBJ の役割等についての記述部分であるため，ASBJ の考え方と解釈した。

39) 企業会計基準委員会，2007a。

40) 斎藤，2007, p.19。

41) 企業会計基準委員会・国際会計基準審議会，2007。

42) 企業会計基準委員会，2007c。

43) 指定国際会計基準特定会社とは，一定の要件を満たした指定国際会計基準に関する十分な知識を有する役員または従業員を置いている会社をいう（「連結財務諸表の用語，様式及び作成方法に関する規則」第1条の2）。

44) 指定国際会計基準とは，金融庁長官が定めるものである（「連結財務諸表の用語，様式及び作成方法に関する規則」第312条）。

45) IASB, 2012a.

46) 2024年12月現在，アメリカの会計基準の適用企業の数は6社である。ピュア IFRS の適用企業の数は275社，適用予定企業の数は9社である（日本取引所グループ・ホームページより）。

Chapter

4

IFRS の基礎的特徴

Objective of this Chapter ─ 本章の目的

　本章では，国際会計基準審議会（IASB）が設定する国際財務報告基準（IFRS）の基礎的特徴として，IFRS の設定方法，規定内容，会計観（accounting point of view）および概念フレームワーク（conceptual framework）の具体的な内容について学習する。IFRS による会計基準の国際的収斂および日本の会計基準の国際的収斂に向けた対応を考える上で，IFRS に共通する会計基準の基礎的な考え方について理解する。

Section 1　IFRS の設定方法～演繹法～

　会計基準の設定方法は，歴史的に帰納法（inductive approach）と演繹法（deductive approach）から説明されてきた（図表 4 - 1 を参照）[1]。

　帰納法は，実務で実際に行われている会計処理方法を観察し，その中から一般的または共通的なものを抽出することによって会計基準を設定する方法である[2]。帰納法による会計基準の設定は，規定される会計処理方法がすでに実務で広く普及した一般的なものから構成されるため，企業によって遵守されやすいという長所を有する一方で，多数の代替的会計実務を一般に認められた会計原則（GAAP）にかなうものとして認め続けることから批判されてきた[3]。そこで，アメリカをはじめとして，帰納法の欠点を補うべく，会計理論をもとに一貫性のある会計基準を設定する演繹法が検討されるようになった。

　演繹法は，会計の前提となる仮定や会計の目的を最初に規定し，これらの仮定や目的と首尾一貫するように具体的な会計処理の基準を設定する方法である[4]。演繹法では，会計の前提が明確であることから，会計の標準化，会計

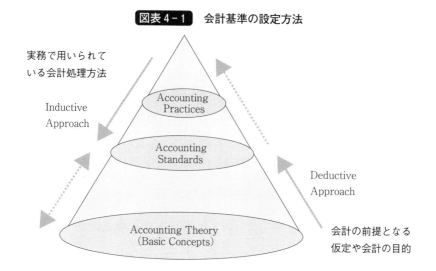

図表 4-1　会計基準の設定方法

基準の整合性・首尾一貫性の保持，業界あるいは政治的圧力への対抗が可能となる。

　国際会計基準委員会（IASC）は，設立当初，テーマ別の起草委員会（Steering Committee）が，各国の会計基準にみられる会計処理方法を列挙し，それらの論拠を記述することで，いずれの方法がより説得力ある論理の支持を得ているかについて丹念な議論を重ねて会計基準を設定してきた。その一方で，会計の理論は，1つの方法を完全に擁護しきれるほど進歩していなかった。その結果，規則的な償却方法であればどれでもよいといった複数の会計処理方法を容認した国際会計基準（IAS）第4号「減価償却」（その後廃止）のように，国家的利己主義を容認する会計基準が設定されるようになった[5]。

　IASC は，1987年以降，それまでの IAS が容認してきた代替的な会計処理方法を除去することを目的として，比較可能性・改善作業プロジェクト（Comparability/Improvement Project）をスタートした。IASC は，1989年に「財務諸表の作成および表示に関するフレームワーク」（以下，1989年概念フレームワーク）を公表して，会計基準設定の基礎概念として概念フレームワークを作成した（Chapter 2 を参照）。概念フレームワークは，企業外部の情報利用者のための財務諸表の作成および表示に関する基礎概念について記述する

ものと位置づけられる。こうして，IASC は概念フレームワークを基礎概念として，演繹法による会計基準の設定を進めることになった。

Section 2　IFRS の規定内容〜原則主義〜

　概念フレームワークを基礎概念として，演繹法により会計基準を設定する場合，会計基準あるいは別途解釈指針（Interpretations）等において数値基準（bright lines）等を明示して，具体的な会計処理まで規定するのか，あるいは数値基準等を定めることなく，あくまで原理・原則（コア原則（core principles））の規定にとどめて，会計基準の適用を経営者の判断に任せるのかにより，会計基準の規定内容は異なったものとなる。前者の考え方は，細則主義（rules-based approach）という。後者の考え方は，原則主義（principles-based approach）という[6]（図表 4-2 を参照）。

　細則主義の会計基準としては，アメリカ（および日本）の会計基準が例に挙げられてきた[7]。2001年以降にアメリカで生じたエンロン社（Enron Corp.）とワールドコム社（WorldCom Inc.）の会計不正[8]に端を発して，会計基準の規定内容として，細則主義と原則主義のいずれの規定のあり方が適切かといった問題が検討されるようになった。

　IASB（およびイギリス）の会計基準は，これまで原則主義であるといわれてきた[9]。IASB は，設立当初，IASC より34の会計基準を受け継いだ。IAS は，原則主義に基づいているとはいうものの，細則主義によるアメリカの会計基準の影響を受けていることから，いくつかの IAS には追加的に解釈指針等が定められていた。証券監督者国際機構（IOSCO）は，IAS が国際的な資本市場で受け入れられるためには，それらを早急に改善する必要があると批判した[10]。

図表 4-2　会計基準の規定内容

	Rules-Based Approach	Principles-Based Approach
規定内容が詳細か否か	数値基準を示して詳細に規定する	コア原則だけにとどめた規定とする
経営者の判断を容認するか否か	経営者に裁量の余地を与えない	経営者の適切な判断を可能とする

原則主義による会計基準では，コア原則が明確に説明されなければならない。副次的な原則（sub-principles）は，コア原則との関わりから説明される。このコア原則を設定する基礎となるのが，概念フレームワークである。

Section 3　IFRS の基礎概念～会計観～

IASB が設立された後の2004年以降，IASB は，アメリカの財務会計基準審議会（FASB）と共同で，1989年概念フレームワークの改訂作業を進めてきた（概念フレームワーク共同プロジェクト）。IASB と FASB は，2010年に，「財務報告の概念フレームワーク2010」（以下，2010年概念フレームワーク）を公表して，1989年概念フレームワークの「財務報告の目的」と「財務情報の質的特性」を改訂している。

IASB は，2010年概念フレームワークの公表後，単独で改訂作業を開始した。IASB は，2018年に「財務報告に関する概念フレームワーク」（以下，2018年概念フレームワーク）を公表した。2018年概念フレームワークの構成は，図表4-3のとおりである。

図表4-3　「財務報告に関する概念フレームワーク」の構成

第1章	一般目的財務報告の目的
第2章	有用な財務情報の質的特性
第3章	財務諸表と報告企業
第4章	財務諸表の構成要素
第5章	認識および認識の中止
第6章	測定
第7章	表示と開示
第8章	資本および資本維持の概念

IASB は，これまで伝統的に用いられてきた収益費用観（revenue expenses view）に代わって，資産負債観（assets liabilities view）に基づいた財務会計の基礎概念への変更を強調してきた。ところが，2018年概念フレームワークでは収益費用観と資産負債観の2元的対立関係に変化が生じている。IFRS を設

定する上での会計観の２元的対立関係およびその変化は，図表４-４のように
財務会計の基礎概念に相違を生じさせる。

図表４-４ 財務会計の基礎概念の変化

	Revenue expenses view	Assets liabilities view
(1)会計の中心概念	収益および費用	資産および負債
(2)測定の基礎	取得原価主義	公正価値測定
(3)業績評価	当期純利益	包括利益
	New accounting view	
(1)会計の中心概念	資産・負債・持分・収益・費用	
(2)測定の基礎	混合測定（取得原価と現在価値）	
(3)業績評価	包括利益・当期純利益	

Section 4　概念フレームワークの具体的な特徴

⑴　一般目的財務報告の目的

(ⅰ)　財務報告の目的

一般目的財務報告の目的（the objective of general purpose financial repor-
ting)は，概念フレームワークの基礎を形成するもので，次のように述べられ
ている（2018年概念フレームワーク，1.2）。

「現在および将来の投資者，貸付者およびその他の債権者に対して，報告企業
（reporting entity）への資源提供についての意思決定に役立つような，報告企業に関
する財務情報を提供すること」

(ⅱ)　情報利用者の範囲とニーズ

一般目的財務報告は，主要な情報利用者として，現在および将来の投資者，
貸付者およびその他の債権者に焦点を当てている。主要な情報利用者の意思決
定は，下記のものに関連する。

① 資本性および負債性金融商品の取得，売却および保有

② 貸付金およびその他の信用供与または決済

③ 企業の経済的資源の運用に関する経営者行動への議決権行使等

これらの意思決定は，主要な情報利用者によって，配当，元金および利息の支払い，または市場価格の上昇といったリターンへの期待に関連して行われる。リターンへの期待は，報告企業への将来の正味キャッシュ・インフローの金額，時期および不確実性の評価と，企業の経済的資源への経営者のスチュワードシップ（stewardship）の評価に依存する（2018年概念フレームワーク，1.3）。

　主要な情報利用者がこれらの評価を行うためには，以下の情報を必要とする（2018年概念フレームワーク，1.4）。

① 報告企業の経済的資源（economic resources），報告企業に対する請求権（claims against the entity）およびそれらの資源および請求権に関する変動に関する情報

② 報告企業の経営者および取締役会がいかに効率的かつ効果的に報告企業の資源を用いるために責任を果たしているかに関する情報

報告企業の経済的資源および請求権に関する情報は，報告企業の財政状態（financial position）を表し，以下の評価に役立つ（2018年概念フレームワーク，1.12-13）。

① 報告企業の流動性および支払能力，追加的な資金調達へのニーズならびにその資金調達の可能性の評価

② 報告企業の経済的資源に関する経営者のスチュワードシップの評価

③ 特に，請求権の優先順位および支払条件等に関する情報は，将来キャッシュ・フローがどのように分配されるかの予測

報告企業の経済的資源および請求権の変動は，報告企業の財務業績（financial performance）と債券または株券の発行の取引から生じる。報告企業の財務業績に関する情報は，報告企業が経済的資源から創造するリターンを理解するのに役立つ。

リターンに関する情報は，報告企業の経済的資源に関する経営者のスチュワードシップの評価に役立つ。そのリターンの変化（variability）や内容に関する情報は，特に将来キャッシュ・フローの不確実性を評価する際に重要である。

ここから，報告企業の過去の財務業績および経営者のスチュワードシップに関する情報は，企業が経済的資源から創造する将来のリターンの予測に役立つ（2018年概念フレームワーク，1.15-16）。

財務業績は，発生主義会計（accrual accounting）に基づいて示される。発生主義会計は，異なった期間に生じる現金収支が報告企業の経済的資源および請求権に対する影響を描写するもので，過去および将来の業績を評価するうえでより良い情報を提供する（2018年概念フレームワーク，1.17）。

(2) 有用な財務情報の質的特性

(i) 有用な財務情報の質的特性の意味

有用な財務情報の質的特性（qualitative characteristics of useful financial information）とは，主要な情報利用者が財務情報に基づいて報告企業について意思決定を行う上で，最も有用と考えられる情報の種類を特定するものである（2018年概念フレームワーク，2.1）。有用な財務情報の質的特性は，基本的質的特性（Fundamental Qualitative Characteristics）と補強的質的特性（Enhancing Qualitative Characteristics）に分けて説明される。

(ii) 基本的質的特性

基本的質的特性は，財務情報が意思決定に有用であるために備えるべき特性で，以下の2つから説明される（2018年概念フレームワーク，2.5）。

① 目的適合性（relevance）
② 忠実な表現（faithful representation）

基本的質的特性は，情報利用者の意思決定に有用と考えられる経済事象を特定した後に，利用可能な情報の中から，目的適合的な情報を特定して，その後，忠実に表現できるかを判定して適用される。

目的適合性とは，財務情報が情報利用者の意思決定に相違を生じさせる可能

52

性のあることを意味する。財務情報が目的適合的であるには、財務情報が予測価値（predictive value），確認価値（confirmatory value）あるいはそれらの両方を備えていなければならない（2018年概念フレームワーク，2.7-10）。

　予測価値を備えた情報とは，情報利用者が将来の結果を予測するために用いられるような情報である。

　確認価値を備えた情報とは，情報利用者が過去の評価を確認するか，それを変更する場合に用いられるような情報である。

　例えば，当期の収益情報は，将来の収益の予測の基礎として用いることができるという意味で，予測価値を備えており，かつ過去に行った収益の予測と比較することによって，収益の予測で用いる方法を修正して，改善することができるという意味で，確認価値を備えている。

　もし，ある財務情報を省略あるいは虚偽表示することによって，特定の報告企業に関して情報利用者が行う意思決定に影響が生じるならば，その情報は重要な情報となる。重要性（materiality）は，情報が個々の報告企業の財務報告に関して，項目の性質，金額あるいはそれらの両方に基づいた目的適合性に関連した報告企業固有の条件の１つである（2018年概念フレームワーク，2.11）。

　忠実な表現とは，財務情報が表現しようとする事象を，完全で（complete），中立で（neutral）かつ誤謬がない（free from error）ように描写することを意味する（2018年概念フレームワーク，2.12-16）。

　完全な描写とは，描写される事象を理解する上で，情報利用者が必要とするすべての情報を含んでいることを意味する。

　中立な描写とは，財務情報の選択または表示において，偏向がないことを意味する。これは，慎重性（prudence）の行使により支えられる。ここで，慎重性とは，不確実な状況において，注意深く判断することであり，資産および収益を過大に表示せず，負債および費用を過少に表示しないことを意味する。

　誤謬がない描写とは，現象の記述に誤謬または省略がなく，報告される情報を作成するために用いたプロセスが，そのプロセスにおいて誤謬がなく選択され，適用されたことを意味する。例えば，観察可能でない価格または価値の見積もりに関して，金額が見積もりであることが記述され，見積もりのプロセスおよびその限界が説明され，かつ見積もりのプロセスが適切に選択され，かつ

適用されている場合に，誤謬がない描写となる。

(iii) 補強的質的特性

財務情報が基本的質的特性に加えて，補強的質的特性を備えている場合，財務情報の有用性はいっそう高められる。補強的質的特性は，以下の4つから説明される（2018年概念フレームワーク，2.23-38）。

補強的質的特性は，順序に関係なく相互に適用される。

① 比較可能性（comparability）：項目間の類似点および相違点を情報利用者が特定し，理解可能であること
② 検証可能性（verifiability）：財務情報が経済的事象を忠実に表現していることを保証できること
③ 適時性（timeliness）：意思決定者が意思決定を行う際に，適時に情報を利用できること
④ 理解可能性（understandability）：財務情報が明確かつ簡潔に分類され，特徴づけられ，表示されることで，理解可能なものになること

財務情報の提供者が財務報告を行うには，コストがかかる。そのコストは，情報利用者がリターンの減少という形で最終的に負担する。したがって，財務情報の報告に必要なコストは，その情報により得られるであろう便益によって

図表 4-5　有用な財務情報の質的特性

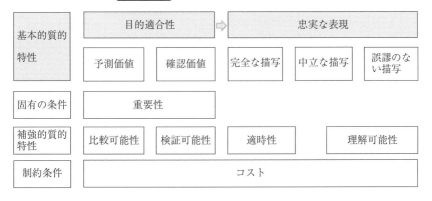

54

正当化されなければならない（2018年概念フレームワーク，2.39-43）。

　以上の有用な財務情報の質的特性は，図表4-5のように示される。

(3)　財務諸表と報告企業

(i)　財務諸表の目的と範囲

　情報利用者の意思決定に有用な財務情報は，財務諸表（financial statements）によって提供される。

　財務諸表の目的は，財務諸表の利用者が報告企業への将来の正味キャッシュ・インフローの予測や報告企業の経済的資源に関する経営者のスチュワードシップを評価するために有用である報告企業の資産，負債，持分，収益および費用についての財務情報を提供することにある。そのような財務情報は，以下のものによって提供される（2018年概念フレームワーク，3.2-3）。

①　財政状態計算書（Statement of Financial Position）
②　財務業績計算書（Statement(s) of Financial Performance）
③　その他の計算書および注記（notes）（下記に関する情報を表示および開示するもの）
　(a)　財務諸表に計上された資産，負債，持分，収益および費用（それらの性質および資産および負債から生じるリスク情報を含める）
　(b)　財務諸表に計上されていない資産および負債（それらの性質およびそれらから生じるリスク情報を含める）
　(c)　キャッシュ・フロー
　(d)　持分請求権者からの拠出および分配
　(e)　表示または開示された金額の見積もりに用いられた方法，仮定および判断，ならびにそれら方法，仮定および判断の変更

(ii)　財務諸表の基本的な考え方

　財務諸表は，現在または将来の投資者，貸付者またはその他の債権者といった特定の情報利用者の視点でなく，報告企業全体の視点から取引およびその他の事象に関する情報を提供する（2018年概念フレームワーク，3.8）。

(iii) 継続企業の前提

財務諸表は，通常，報告企業が継続企業（going concern）であり，予見可能な将来にわたって事業活動を行うという前提のもとで作成される（2018年概念フレームワーク，3.9）。

(iv) 報告企業

報告企業は，財務諸表の作成を要求されるか，または選択する企業である。報告企業は，必ずしも法的実体である必要はない（2018年概念フレームワーク，3.10）。

報告企業の財務諸表は，報告企業の特性から，下記のように呼ばれる（2018年概念フレームワーク，3.11-12）。

① 報告企業が他の企業を支配する親会社と支配される子会社から構成されている場合，連結財務諸表（consolidated financial statements）

② 報告企業が親会社だけである場合，非連結財務諸表（unconsolidated financial statements）

③ 報告企業が親子関係のない2つ以上の企業が結合している場合，結合財務諸表（combined financial statements）

報告企業が法的実体でなく，かつ親子関係のある法的実体だけから構成されていない場合，報告企業の範囲（boundary）を適切に決定することは困難である。そのような場合には，報告企業の範囲は，報告企業の財務諸表の主要な情報利用者の情報ニーズによって決定される。情報利用者は，表現しようとするものを忠実に表現した目的適合的な情報を求めている（2018年概念フレームワーク，3.13-14）。

連結財務諸表は，単一の報告企業として，親会社およびその子会社の資産，負債，持分，収益および費用に関する情報を提供する。それは，親会社の現在および将来の投資者，貸付者およびその他の債権者が親会社への将来の正味キャッシュ・インフローの見込みを評価する上で有用である（2018年概念フレームワーク，3.15-16）。

非連結財務諸表は，親会社の資産，負債，持分，収益および費用に関する情

報を提供する。それは，親会社の請求権者の請求権だけを示し，（国によって制度に相違があるが）親会社の持分請求権者への分配可能額を示すという理由から，親会社の現在および将来の投資者，貸付者およびその他の債権者にとって有用である。しかし，非連結財務諸表で提供される情報は，親会社の情報利用者のあらゆる情報ニーズを十分に満たすことはできない（2018年概念フレームワーク，3.17-18）。

(4)　財務諸表の構成要素

2018年概念フレームワークは，1989年，2010年の概念フレームワークと同様に，財務諸表の構成要素として，財政状態に関して資産，負債および持分を，業績に関して収益および費用を掲げている（2018年概念フレームワーク，4.1)[11]。

図表4-6　情報利用者のニーズと財務諸表の構成要素

情報利用者のニーズ	構成要素	構成要素の定義
経済的資源	資産	過去の事象の結果として，報告企業が支配している現在の経済的資源 経済的資源：経済的便益を生み出す潜在的能力を有する権利
請求権	負債	過去の事象の結果として，経済的資源を移転する報告企業の現在の義務
	持分	企業のすべての負債を控除した企業の資産に対する残余持分
財務業績に反映される経済的資源および請求権の変動	収益	持分の増加を生じる資産の増加または負債の減少（持分請求権者からの拠出を除く）
	費用	持分の減少を生じる資産の減少または負債の増加（持分請求権者への分配を除く）
経済的資源および請求権のその他の変動	—	持分請求権者からの拠出および分配
	—	持分の増減を伴わない資産または負債の交換

(i)　資産・負債・持分

資産は経済的資源を表していて，そこでは，3つの要素が重要である（2018年概念フレームワーク，4.5)。

① 権利

② 経済的便益を生み出す潜在的能力

③ 支配

　経済的便益を生み出す潜在的能力を有する権利は，例えば，他社の義務との関わりで，キャッシュの他，財またはサービスを受け取る権利や，他社の義務に関わりなく，有形および無形の物を使用する権利などを意味する。権利は，契約，法律または類似の手段によって得られるものである（2018年概念フレームワーク，4.6-7）。

　経済的資源は，経済的便益を生み出す潜在的能力を有する権利である。経済的資源は，例えば，契約上のキャッシュ・フローまたはその他の経済的資源を受け取ることや，経済的資源を有利な条件で他者と交換すること，財またはサービスを提供する経済的資源，他の経済的資源の価値を高める経済的資源，他者に対して経済的資源を貸し付けることによってキャッシュ・インフローを創造し，キャッシュ・アウトフローを削減することなどによって，企業に経済的便益をもたらす（2018年概念フレームワーク，4.14-16）。

　支配は，報告企業における経済的資源に関連する。報告企業は，経済的資源の使用を支持し，そこから生じる経済的便益を得る現在の能力を有している場合に経済的資源を支配する（2018年概念フレームワーク，4.19-20）。

　負債は，以下の３つの規準をすべて満たさなければならない（2018年概念フレームワーク，4.26-27）。

① 報告企業が義務を負っている。

② 義務は，経済的資源を移転することである。

③ 義務は，過去の事象の結果生じた現在の義務である。

　資産および負債は，認識基準と測定基準に従って，権利または権利グループ，義務または義務グループを単位（unit of account）とする。認識と測定において，異なった単位が適切な場合もある（2018年概念フレームワーク，4.48-49）。単位の選択は，資産または負債，関連する収益および費用に関して提供される

情報が目的適合的で，かつ取引等の実態を忠実に表現する情報となるように行われる。単位の選択では，財務報告の制約条件と同様に，コストの制約を受ける（2018年概念フレームワーク，4.51-52）。

　未履行契約（executory contract）は，当事者のいずれかが義務を履行していない契約，または両方が履行義務を部分的にしか履行していない契約である。未履行契約は，経済的資源を交換する互いに結びついた権利と義務を意味していて，単一の資産または負債を構成する。それらの資産または負債が財務諸表に含まれるか否かは，認識基準と測定基準に従う（2018年概念フレームワーク，4.56-57）。

　持分（equity）は，報告企業の資産からすべての負債を控除した残余持分（residual interest）である。それは，報告企業の資産におけるすべての負債を控除した後の残余持分に対する請求権（claimes）である（2018年概念フレームワーク，4.63-64）。

(ii)　収益・費用

　収益は，持分請求権者からの拠出に関するものを除いて，持分の増加を生じさせる資産の増加または負債の減少をいう（2018年概念フレームワーク，4.68）。
　費用は，持分請求権者への分配に関するものを除いて，持分の減少を生じさせる資産の減少または負債の増加をいう（2018年概念フレームワーク，4.69）。
　収益および費用は，報告企業の財務業績に関連する財務諸表の構成要素である。収益および費用は，資産および負債の変動に関連して定義されるが，収益および費用の情報は，資産および負債に関する情報と同様に重要である。

(5)　認識および認識の中止

(i)　認　識

　認識（recognition）とは，財務諸表の構成要素の定義を満たした資産，負債，持分，収益および費用を，財政状態計算書または財務業績計算書の中に組み入れる過程をいう。財政状態計算書において資産，負債または持分が認識されて

いる金額は帳簿価額（carrying amount）という（2018年概念フレームワーク，5.1）。

　財政状態計算書および財務業績計算書は，報告企業の認識された資産，負債，持分，収益および費用を，財務情報が比較可能で理解可能となるように描写する（2018年概念フレームワーク，5.2-4）。

　財政状態計算書では，資産，負債または持分の定義を満たした項目だけが認識される。財務業績計算書では，収益または費用の定義を満たした項目だけが認識される。ただし，情報利用者に提供される情報の便益が，情報を提供および利用するコストを正当化できなければ，それらの項目は認識されない（2018年概念フレームワーク，5.8）。

　構成要素の定義を満たした項目が情報利用者に有用な情報を提供する場合を正確に定めることは困難である。したがって，構成要素の定義を満たした項目を財務諸表に認識するかどうかは，目的適合的な情報であるか，および忠実な表現の情報であるかに関する判断が必要である（2018年概念フレームワーク，5.9，5.12）。

　構成要素の定義を満たした項目は，以下の場合に，目的適合的な情報を提供しないかもしれない（2018年概念フレームワーク，5.12）。

① 資産または負債の存在が不確実（existence uncertainty）である場合
② 資産または負債は存在するが，経済的便益のインフローまたはアウトフローが僅少である場合

　忠実な表現が提供されるかどうかは，資産または負債に関連した測定の不確実性（measurement uncertainty），あるいはその他の要因によって影響を受ける（2018年概念フレームワーク，5.18）。

　測定の不確実性の問題は，資産または負債の測定の多くの場合に見積もりが行われることから生じる。見積もりは合理的に行われることが重要であり，その見積もりが明確かつ正確に説明されていれば，情報は有用となる（2018年概念フレームワーク，5.19）。

　資産または負債の忠実な表現には，測定の不確実性以外に，収益，費用および持分の変化に関する適切な描写，関連する資産および負債の適切な認識（会

計上のミスマッチ（accounting mismatch）がないこと），資産または負債，および収益，費用または持分の変化に関する必要な情報の表示および開示といったその他の要因も重要である（2018年概念フレームワーク，5.24-25）。

(ii) 認識の中止

認識の中止（derecognition）は，報告企業の財政状態計算書から，認識されている資産または負債のすべてまたは一部を取り除くことである。認識の中止は，通常，資産または負債の定義を満たさなくなった時点で行われる（2018年概念フレームワーク，5.26；BC5.23-5.27）。

① 資産に関しては，報告企業が資産のすべてまたは一部への支配を失ったときに認識を中止する（支配アプローチ（control approach））。

② 負債に関しては，報告企業が負債のすべてまたは一部への現在の義務をもはや負っていないときに認識を中止する（リスク・経済価値アプローチ（risk and rewards approach））。

(6) 測　定

(i) 混合測定

測定（measurement）とは，財務諸表で認識された構成要素を貨幣額で数量化することである。そこでは，測定基礎（measurement basis）の選択が必要である。

有用な財務情報の質的特性とコストの制約を考慮した場合，さまざまな資産，負債，収益および費用に関して，下記の異なった測定基礎が選択される（混合測定（mixed measurement））（2018年概念フレームワーク，6.2）。

① 歴史的原価（historical cost）

② 現在価値（current value）

(ii) 歴史的原価

歴史的原価の測定値は，取引等の価格から少なくとも一部得られた情報を用いて，資産，負債ならびに関連する収益および費用に関する貨幣情報を提供す

る（2018年概念フレームワーク，6.4）。

(iii) 現在価値

現在価値の測定値は，測定日における条件を反映した情報を用いて，資産，負債ならびに関連する収益および費用に関する貨幣情報を提供する。資産および負債の現在価値は，以前の測定日以降，キャッシュ・フローの見積もりおよび現在価値に影響するその他の要因における変化を反映する。現在価値の測定基礎には，以下のものがある（2018年概念フレームワーク，6.10-11）。

① 公正価値（fair value）
② 資産に関する使用価値（value in use）および負債に関する履行価値（fulfilment value）
③ 現在原価（current cost）

公正価値は，測定日における市場参加者の間での通常の取引において資産の売却から得られるであろう価格，または負債の移転により支払われるであろう価格である。公正価値は，報告企業が接する市場の参加者間での見込み（perspective）を反映する。公正価値は，活発な市場において観察される価格（observing prices）を用いて直接決定される。その他の場合には，将来キャッシュ・フローの見積もり，不確実性から生じる資産または負債に関する将来キャッシュ・フローの見積もり金額または時期の変動可能性，貨幣の時間的価値，キャッシュ・フローに内在する不確実性を担保する価格（リスク・プレミアムやリスク・ディスカウント），およびその他の要因をすべて反映したキャッシュ・フローを基礎とした測定技術（cash-flow-based measurement techniques）を用いて間接的に決定される（2018年概念フレームワーク，6.12-14）。

使用価値は，報告企業が資産の利用および処分から生ずると期待するキャッシュ・フローあるいはその他の経済的便益の現在価値（present value）である。履行価値は，報告企業が債務を履行するときに移転されると見込まれるキャッシュまたはその他の経済的資源の現在価値である（2018年概念フレームワーク，

6.17）。

　資産の現在原価は，測定日に同等の資産を取得した場合の対価と取引費用を合計した原価である。負債の現在原価は，測定日に同等の負債に関して受け取るであろう金額から取引費用を控除した額である。現在原価は，歴史的原価と同様に，報告企業が資産を取得または負債を負担する市場での価格を反映した入口価格（entry value）である（2018年概念フレームワーク，6.21）。

　したがって，現在原価は，出口価格（exit value）を表す公正価値，使用価値および履行価値と異なり，また測定日の条件を反映する点で，歴史的原価とも異なる。

⑷　測定基礎の選択

　測定基礎の選択では，提供される情報が，「一般目的財務報告の目的」である情報利用者の意思決定に有用な情報であるかが考慮されなければならない。そのためには，提供される情報が，「有用な財務情報の質的特性」で示された基本的質的特性の目的適合性と忠実な表現を充足したもので，かつ補強的質的特性である比較可能性，検証可能性，適時性および理解可能性を備えていなければならない（2018年概念フレームワーク，6.45）。また，測定基礎の選択では，提供される情報の便益がコストを上回るといったコストの制約も受けることになる（2018年概念フレームワーク，6.63）。

　当初測定（initial measurement）と事後測定（subsequent measurement）において測定基礎が異なる場合，最初に行われる事後測定において，測定基礎の変更による収益および費用が認識されるかもしれない。したがって，資産または負債，ならびに関連する収益および費用に関する測定基礎の選択では，当初測定と事後測定の両方が考慮されなければならない（2018年概念フレームワーク，6.48）。

⑺　表示と開示

　報告企業は，財務諸表において，資産，負債，持分，収益および費用に関する情報を伝達する。財務諸表における効果的な情報伝達（effective communication of information）によって，情報がいっそう目的適合的で，報告企業の資産，負債，持分，収益および費用を忠実に表現することになる。それはまた，財務諸表における情報の理解可能性と比較可能性を高める（2018年概念フレームワーク，7.1）。

効果的に情報伝達を行うためには，規則に従う以上に表示（presentation）および開示（disclosure）の目的（objectives）および原則（principles）に焦点を当てて，類似の項目はまとめて，異なった項目は区別することで情報を分類（classifying）して，かつ不要なまでに細分化したり，あるいは過度に集約したりして情報が不明瞭にならないように集約（aggregating）する必要がある。また，コストの制約は，表示および開示においても重要である（2018年概念フレームワーク，7.2-3）。

⑻　資本と資本維持概念

資本概念（concept of capital）は，以下の2つに分けて説明される（2018年概念フレームワーク，8.1-2）。

① 　貨幣資本概念（financial concept of capital）
② 　実体資本概念（physical concept of capital）

貨幣資本概念は，財務諸表の作成においてほとんどの報告企業が採用している。貨幣資本概念は投下された貨幣または投下購買力を表していて，資本（capital）は報告企業の純資産（net assets）または持分（equity）と同義である。

実体資本概念（physical concept of capital）は操業能力を表していて，資本は1日当たりの生産力に基づく報告企業の生産能力（productivity capacity）とみなされる。

資本概念は，達成されるべき目標である利益（profit）の算定を行うに当たって，財務諸表の利用者のニーズに基づいて選択されなければならない。

貨幣資本の維持では，利益は，期末の純資産の貨幣額が期首の純資産の貨幣額を超える場合にのみ稼得される（ただし，期中の所有者への分配と所有者か

らの出資を除く）。貨幣資本の維持は，名目貨幣単位（nominal monetary units）または恒常的な購買力単位（constant purchasing power）のいずれかで測定される。

実体資本の維持では，利益は，報告企業における期末の物的生産能力（または操業能力）が期首の物的生産能力を超える場合にのみ稼得される（ただし，期中の所有者への分配と所有者からの出資を除く）。

財務諸表の利用者の資本概念の選択は，利益の概念と連携して，維持すべき資本に結びつく（2018年概念フレームワーク，8.3-4）。

■注

1) 詳細については，以下を参照。https://www.agu.ac.jp/~ichiro/（Topic 4 - 1).
2) Hendriksen, 1982, p.9.
3) 加藤，1981, p.159。
4) Hendriksen, 1982, p.7.
5) 川口，1981, pp.290-291。
6) 大日方ほか，2009, p.82。
7) 井尻，2003, p.23。
8) 詳細については，以下を参照。https://www.agu.ac.jp/~ichiro/（Topic 4 - 2).
9) Tweedie, 2007, p.4.
10) Tweedie, 2007, p.4.
11) 詳細については，以下を参照。https://www.agu.ac.jp/~ichiro/（Topic 4 - 3).

Chapter

財務諸表の表示および開示

5

■ Objective of this Chapter—本章の目的 ■

　本章では，財務報告の目的の達成に向けた効果的なツールとして位置づけられる財務諸表の表示および開示について，国際会計基準審議会（IASB）が規定する基本財務諸表（primary financial statements）の内容とその特徴について学習する。IASB は，2024年にそれまで財務諸表の表示について規定していた国際会計基準（IAS）第1号「財務諸表の表示」を改訂した。IASB が要求する財務諸表とはどのような体系であり，どのように表示および開示することが規定されているかについて，財務報告の目的との関係から理解する。

Section 1　財務諸表の目的と体系

　IASB は，2024年に IFRS 第18号「財務諸表における表示および開示」を公表した[1]。IFRS 第18号は，財務諸表の目的を，報告企業（reporting entity）の資産，負債，持分，収益および費用に関して，財務諸表の利用者が，①企業への将来の正味キャッシュ・インフローの見通しの評価，および②企業の経済的資源に係る経営者の受託責任の評価を行う際に，有用な財務情報を提供することにあると規定している（IFRS 第18号, par.9）。

　IASB は，その財務諸表の目的を達成するための完全な1組の財務諸表（a complete set of financial statements）として，以下の7つをあげている（IFRS 第18号, par.10）。

①　その報告期間の財務業績の計算書（statement of financial performance）

② その報告期間の末日の財政状態計算書（statement of financial position）

③ その報告期間の持分変動計算書（statement of changes in equity）

④ その報告期間のキャッシュ・フロー計算書（statement of cash flows）[2]

⑤ その報告期間に関する注記（notes）（重要な会計方針の要約やその他の記述的説明）

⑥ 前期との比較情報

⑦ 会計方針の変更や組替え（reclassification）などが行われて，それらの重要性が高い場合には，前期の期首における財政状態計算書

　これらの中の①から④（およびそれらの比較情報）が基本財務諸表である。報告企業は，財務諸表の目的を達成するために，これらの基本財務諸表において情報を表示して，注記において情報を開示する。

　IASB は，概念フレームワークにおいて，報告企業とは財務諸表の作成を要求されるか，または選択する企業であると定義して，報告企業は必ずしも法的実体である必要はないと述べている（概念フレームワーク，3.10）。

　報告企業の財務諸表は，報告企業の特性から，①連結財務諸表（consolidated financial statements），②非連結財務諸表（unconsolidated financial statements），および③結合財務諸表（combined financial statements）に分けて説明される。報告企業の範囲（boundary）は，報告企業の財務諸表の主要な情報利用者のニーズによって決定される（概念フレームワーク，3.11-14）。

　ここから，基本財務諸表の種類は，報告企業の特性および情報利用者のニーズにしたがって決定されることになる。

Section 2　全般的な特性

(1)　基本財務諸表の役割

　基本財務諸表の役割は，報告企業の認識された資産，負債，持分，収益，費用およびキャッシュ・フローについて有用な体系化された要約（useful structured summary）を提供することであり，それは財務諸表の利用者にとって以下の点で有用となる（IFRS 第18号，par.16）。

① 企業の認識された資産，負債，持分，収益，費用およびキャッシュ・フローについての理解可能な概観を得ること
② 企業間での比較，および同一企業の各報告期間の比較を行うこと
③ 財務諸表の利用者が注記において追加的な情報を求めるであろう項目または領域を識別すること

　企業が表示または開示する必要があるのは，重要性ある情報（material information）だけである（IFRS 第18号，par.15）。

(2)　注記の役割

　注記の役割は，以下の目的のために必要な重要性ある情報を提供することである（IFRS 第18号，par.17）。

① 財務諸表利用者が，基本財務諸表の表示科目を理解できるようにする。
② 財務諸表の目的を達成するために，追加的な情報によって基本財務諸表を補足する。

(3)　集約と分解による表示と開示

　財務諸表の目的とのかかわりから，基本財務諸表では，各項目を集約（aggregation）または分解（disaggregation）して表示する。具体的には，以下のとおりである（IFRS 第18号，par.41）。

① 資産，負債，持分，収益，費用またはキャッシュ・フローを，類似した特徴を有する項目に分類して，集約して表示する。
② 異なった特徴を有する項目は分解して表示する。
③ 基本財務諸表において，基本財務諸表の役割を果たす科目を表示するために，項目を集約または分類する。
④ 注記において，重要性ある情報を開示するために，項目を集約または分解する。

⑤ 財務諸表における集約および分解は，重要性ある項目を不明瞭にしないようにする。

企業は，IFRSが要求または許容している場合を除いて，資産と負債または収益と費用を相殺（offsetting）してはならない（IFRS第18号，par.44）。

(4) 報告の頻度

企業は，完全な1組の財務諸表を，少なくとも年に1度は報告しなければならない（IFRS第18号，par.28）。

Section 3　財務業績の計算書

財務業績の計算書は，以下のいずれかの形式によって表示される（IFRS第18号，par.12）。

① 純損益およびその他の包括利益計算書（statement of profit or loss and other comprehensive income）として，その中を純損益の部とその他の包括利益の部に分けて表示する方法（一計算書方式）
② 純損益計算書（statement of profit or loss）と包括利益計算書（statement presenting comprehensive income）の2つに分けて表示する方法（二計算書方式）

(1) 純損益計算書

(i) 表示区分

企業は，報告期間におけるすべての収益および費用の項目を純損益計算書に含めなければならない。収益および費用は，5つの区分に分類して表示する（IFRS第18号，pars.46-68）。

① 営業区分（operating category）
② 投資区分（investing category）

Chapter 5 財務諸表の表示および開示 **69**

③ 財務区分 (financing category)

④ 法人所得税区分 (income tax category)

⑤ 非継続事業区分 (discontinued operations category)

① 営業区分

営業区分には，主要な事業活動から生じた収益および費用に加えて，上記②から⑤のいずれにも分類されないものを含めて表示する (IFRS 第18号，par.52; B42)。

純損益計算書の営業区分に計上される費用は，以下のいずれかのうち，最も有用な体系化された要約を提供する方法により表示する (IFRS 第18号，par.78; B80-B85)。

　ア）　費用の性質 (nature of expense) に基づく分類 (費用性質法)

　イ）　企業内での機能 (function of expense within the entity) に基づく分類 (費用機能法)

② 投資区分

特定の事業を行う企業を除いて，投資区分には，以下に示した資産が生み出した収益，それらの当初測定および事後測定 (認識の中止を含む) によって生じる収益および費用，それらの取得および処分に直接起因する増加費用 (例えば，取引コストおよび売却コスト) を含めて表示する (IFRS 第18号，pars.53-54; B46)。

　a)　関連会社，共同支配企業および非連結子会社に対する投資

　b)　現金及び現金同等物

　c)　その他の資産 (負債性投資または資本性投資，投資不動産およびその賃料に係る債権)

③ 財務区分

特定の事業を行う企業を除いて，財務区分に含める収益および費用は，以下の2つに区別して表示する (IFRS 第18号，pars.59-61)。

　a)　資金調達のみを伴う取引から生じる負債の当初測定および事後測定 (認

識の中止を含む）から生じる収益および費用と，その発行および消滅に直接起因する増加費用（例えば，取引コスト）

b) それ以外の負債に関する金利収益および金利費用，金利の変動から生じる収益および費用

④ 法人所得税区分

法人所得税区分には，税金費用または税金収益，および関連する為替差額を含めて表示する。

⑤ 非継続事業区分

非継続事業区分には，すでに処分されたかまたは売却目的保有に分類された企業の構成単位からの収益および費用を含めて表示する（IFRS 第18号, par.68；IFRS 第 5 号, par.32）。

(ii) 純損益計算書に表示すべき損益

純損益計算書は，以下に関する合計または小計の金額を表示する（IFRS 第18号, par.69）。

① 営業損益
② 財務及び法人所得税前純損益
③ 純損益

(iii) 純損益の配分表示

純損益は，以下に帰属する金額に配分して表示する（IFRS 第18号, par.76）。

① 非支配持分（non-controlling interests）
② 親会社の所有者（owners of the parent）

(2)　包括利益を表示する計算書

(i)　包括利益を表示する計算書に表示すべき金額

包括利益を表示する計算書（statement presenting comprehensive income）は，以下に関する合計金額を表示する（IFRS 第18号，par.86）。

① 純損益
② その他の包括利益
③ 包括利益（純損益とその他の包括利益の合計額）

(ii)　包括利益の配分表示

包括利益は，以下に帰属する金額に配分して表示する（IFRS 第18号，par.87）。

① 非支配持分
② 親会社の所有者

(iii)　その他の包括利益

包括利益を表示する計算書における収益および費用（その他の包括利益）は，以下の2つの区分に分類して表示する（IFRS 第18号，par.88）。

① 特定の条件が満たされた時に純損益に振り替えられる収益および費用
② 純損益に振り替えられることのない収益および費用

①に分類されるものの例には，為替換算調整勘定および繰延ヘッジ損益がある。それらが特定の条件を満たしたときに，純損益に振り替えられる（組替調整）（IFRS 第18号，B88; B89）。組替調整が行われたとき，組替調整額（reclassification adjustments）は，包括利益を表示する計算書に表示するか，または注記に開示する（IFRS 第18号，par.90）。

(3) 財務業績の計算書の表示形式

図表5-1および図表5-2は，財務業績を表示する純損益計算書と包括利益を表示する計算書の表示形式を示している。

図表5-1 純損益計算書の表示

*) 営業区分以外は，(a)費用性質法に同じ。

Chapter 5　財務諸表の表示および開示　73

図表 5 - 2　包括利益を表示する計算書の表示

Consolidated Statement Presenting Comprehensive Income

	(Currency Unit)	
	20X2	20X1
当期純利益	××	××
純損益に振り替えられることのない収益及び費用		
確定給付制度の再測定に係る利得（損失）	××	××
純損益に振り替えられることのない収益及び費用に係る法人所得税	××	××
純損益に振り替えられることのない収益及び費用の合計	××	××
特定の条件が満たされた時に純損益に振り替えられる収益及び費用		
在外営業活動体に係る換算差額	××	××
特定の条件が満たされた時に純損益に振り替えられる収益及び費用に係る法人所得税	××	××
特定の条件が満たされた時に純損益に振り替えられる収益及び費用の合計	××	××
その他の包括利益(税引後)	××	××
当期包括利益合計	××	××
当期包括利益合計の帰属		
親会社の所有者	××	××
非支配持分	××	××
	××	××

Section 4　財政状態計算書

(1)　資産および負債の表示方法

　財政状態計算書は，資産および負債に関して流動と非流動に分類して表示する。流動資産および流動負債の分類基準には，正常営業循環基準（normal operating cycle），売買目的保有（purpose of trading）基準，および1年基準（one-year rule）等がある（図表 5 - 3 を参照）（IFRS 第18号，pars.99; 101）。流動資産および流動負債に分類されなかったすべての資産および負債は，非流動資産および非流動負債に分類する。

図表5-3 流動資産および流動負債の分類基準

	Assets as Current		Liabilities as Current
a	正常営業循環過程において，資産が実現させると見込まれるか，または販売もしくは消費される予定である場合	a	正常営業循環過程において，負債が決済される予定である場合
b	資産が主として売買目的で保有されている場合	b	負債が主として売買目的で保有されている場合
c	報告期間後12ヶ月以内に資産が実現される予定である場合	c	報告期間後12ヶ月以内に負債が決済される予定である場合
d	報告期間後少なくとも12ヶ月にわたり交換または決済が制限されていない現金または現金同等物	d	報告期間後少なくとも12ヶ月にわたり決済を繰り延べる無条件の権利を有していない場合

(2) 財政状態計算書の表示方法

財政状態計算書は，少なくとも図表5-4に示した金額を表す項目を表示しなければならない（IAS第1号，par.54）。

図表5-4 財政状態計算書での表示項目

Items to be presented in the statement of financial position			
	Assets		Liablities
a	有形固定資産	m	買掛金及びその他の支払債務
b	投資不動産	n	引当金（provision）
c	無形資産	o	金融負債
d	のれん	p	契約ポートフォリオのうち負債であるもの（IFRS第17号「保険契約」
e	金融資産	q	当期の税金に関する負債（及び資産）
f	契約ポートフォリオのうち資産であるもの（IFRS第17号「保険契約」	r	繰延税金負債（及び繰延税金資産）
g	持分法で処理されている投資	s	売却目的に分類された処分グループに含まれる負債
h	生物資産（IAS第41号「農業」）		
i	棚卸資産		
j	売掛金及びその他の受取債権		Equity
k	現金及び現金同等物	a	非支配持分

l	売却目的に分類された資産及び売却目的に分類された処分グループに含まれる資産の総額	b	親会社の所有者に帰属する発行済み資本金及び剰余金

Section 5　持分変動計算書

持分変動計算書は、図表5-5に示した情報を表示する（IFRS 第18号、par.107）。

図表5-5　持分変動計算書における表示情報

Information to be presented in the statement of changes in equity	
a	当期の包括利益合計
	親会社所有者と非支配持分に帰属する合計額を個別に表示
b	資本の各内訳項目について、IAS 第8号「会計方針、会計上の見積もりの変更及び誤謬」に従って認識された遡及適用または遡及的修正再表示の影響額
c	資本の各内訳項目について、期首と期末の帳簿価額の調整表
	(i) 純損益
	(ii) その他の包括利益
	(iii) 所有者の立場としての所有者との取引

Section 6　キャッシュ・フロー計算書

(1)　意　　義

キャッシュ・フロー計算書は、財務諸表の利用者が、企業の現金及び現金同等物（cash and cash equivalents）を創造する能力と、企業がキャッシュ・フローを利用するニーズを評価するための基礎を提供する上で有用である（IAS 第7号、Objective）。

キャッシュ・フロー計算書は、他の財務諸表とともに利用することで、企業の純資産の変動、財務構造（流動性や支払能力を含む）および環境や機会の変化に適応するために企業がキャッシュ・フローの金額および時期に影響を及ぼ

す能力について，利用者が評価できるようにする情報を提供する（IAS第7号，par.4）。

⑵　現金及び現金同等物

キャッシュ・フロー計算書におけるキャッシュ・フローは，現金及び現金同等物のインフローとアウトフローである（IAS第7号，par.6）。

現金は，手許現金（cash on hand）と要求払預金（demand deposits）から構成される。

現金同等物とは，短期の流動性の高い投資のうち，容易に一定の金額に換金可能であり，かつ価値の変動について僅少なリスクしか負わないものである。要求払債務である当座借越（bank overdraft）は，現金同等物の負の構成要素である（IAS第7号，par.8）。

⑶　キャッシュ・フロー計算書の表示区分

キャッシュ・フロー計算書は，期中のキャッシュ・フローを，以下の3つの活動区分に分けて報告しなければならない（IASB, 2024b, par.10）。

① 　営業活動（operating activities）
② 　投資活動（investing activities）
③ 　財務活動（financing activities）

① 　営業活動

営業活動によるキャッシュ・フロー（cash flows from operating activities, CFO）は，企業の主たる収益獲得活動（revenue-producing activities）から生じる。それらは，一般的に，損益の算定に含まれる取引およびその他の事象の結果から生じる（IASB, 2024b, par.14）。

CFOは，以下のいずれかの方法で表示されなければならない（IASB, 2024b, par.18）。

① 　直接法（the direct method）：主要な種類ごとの収入総額（gross cash

receipts）と支出総額（gross cash payments）を開示する方法

② 間接法（the indirect method）：営業損益を，非資金的取引項目，過去または将来の営業活動からの収入または支出の繰延べまたは見越し，および投資または財務活動によるキャッシュ・フローに関連した収益または費用項目について調整する方法

② 投資活動

投資活動によるキャッシュ・フロー（cash flows from investing activities, CFI）は，長期性資産（long-term assets）および現金同等物に含まれない他の投資の取得および処分から生じるキャッシュ・フローである（IAS 第 7 号, par.6）。CFI は，将来の収益およびキャッシュ・フローを創造することを意図して，資源に投入された金額を表す（IAS 第 7 号, par.16）。

③ 財務活動

財務活動によるキャッシュ・フロー（cash flows from financing activities, CFF）は，企業の拠出資本（contributed equity）および借入れの規模と構成に変動をもたらす活動から生じるキャッシュ・フローである（IAS 第 7 号, par.6）。これは，企業への資本提供者による将来のキャッシュ・フローに対する請求権を予測するのに役立つ（IAS 第 7 号, par.17）。

⑷ キャッシュ・フロー計算書の表示形式

図表 5 - 6 は，直接法によって営業活動から生じるキャッシュ・フローを表示した場合のキャッシュ・フロー計算書の例である。図表 5 - 7 は，営業活動から生じるキャッシュ・フローを，間接法によって表示した場合の例である。

⑸ 利息および配当金

利息と配当金の受取額および支出額は，図表 5 - 8 のような活動区分にそれぞれ表示される（IAS 第 7 号, par.34A）。

図表 5-6 キャッシュ・フロー計算書の表示

Consolidated Statement of Cash Flows

		(Currency Unit)		
		20X2	20X1	
営業活動から生じるキャッシュ・フロー（直接法）				
顧客からの収入		×××	×××	
仕入先及び従業員への支出		×××	×××	
営業活動からのキャッシュ・フロー		×××	×××	
法人所得税支払額		×××	×××	
営業活動から生じた正味キャッシュ・フロー			×××	×××
投資活動から生じるキャッシュ・フロー				
子会社X社の取得（取得した現金控除後）		×××	×××	
有形固定資産の購入		×××	×××	
設備の売却による収入		×××	×××	
利息受取額		×××	×××	
配当金受取額		×××	×××	
投資活動から生じた正味キャッシュ・フロー			×××	×××
財務活動から生じるキャッシュ・フロー				
株式の発行による収入		×××	×××	
長期借入金による収入		×××	×××	
ファイナンスリース債務の支払額		×××	×××	
利息支払額		×××	×××	
配当金支払額		×××	×××	
財務活動から生じた正味キャッシュ・フロー			×××	×××
現金及び現金同等物の正味増加額			×××	×××
期首現金及び現金同等物残高			×××	×××
期末現金及び現金同等物残高			×××	×××

（直接法）

図表 5-7 間接法による営業活動からのキャッシュ・フローの表示

		(Currency Unit)		
		20X2	20X1	
営業活動から生じるキャッシュ・フロー（間接法）				
営業利益		×××		×××
調整：				
減価償却費		×××	×××	
為替差損		×××	×××	
投資利益		×××	×××	
利息費用		×××	×××	
小計		×××	×××	
売掛金及びその他の債権の増加額		×××	×××	
棚卸資産の減少額		×××	×××	
営業債務の減少額		×××	×××	
営業活動からのキャッシュ・フロー		×××	×××	
法人所得税支払額		×××	×××	
営業活動から生じた正味キャッシュ・フロー			×××	×××

（間接法）

Chapter 5　財務諸表の表示および開示　79

図表5-8　利息および配当金の表示区分

	特定の主要な事業活動を有しない企業	特定の主要な事業活動を有する企業
受取利息	投資活動	営業・投資・財務活動のいずれかに分類
支払利息	財務活動	
受取配当金	投資活動	
支払配当金	財務活動	財務活動

Section 7　財務諸表の注記

(1)　会計方針等の開示

　財務諸表の注記（notes）は，以下の情報を開示しなければならない（IFRS第18号，par.113）。

① 財務諸表の作成の基礎および具体的な会計方針（accounting policy）に関する情報
② 基本財務諸表で表示されない IFRS が要求する情報
③ 基本財務諸表で表示されないが，基本財務諸表を理解するのに必要な情報

(2)　経営者が定義した業績指標の開示（MPM）

(i)　開示情報

　注記では，財務諸表利用者が，経営者の見解や，IFRS のもとで示される指標と比較することを目的に，以下のような経営者が定義した業績指標（Management-defined Performance Measures: MPM）の開示が規定された。

　MPM は，収益および費用の小計であり，IFRS による表示または開示が要求されていないが，企業全体の財務業績の一側面に関する経営者の見解を財務諸表の利用者に伝えるために開示するものである（IFRS 第18号，par.117: B119）。したがって，財務比率，フリー・キャッシュ・フロー，非財務業績指

標等は MPM に該当しない（IFRS 第18号，B116）。一方で，例えば，日本の会計基準に従って財務諸表を作成した場合の金額を MPM であると考えれば，IFRS と日本の会計基準との間の差異が明確になると考えられる。

MPM では，以下のことが開示されなければならない（IFRS 第18号，par.123）。

① 経営者の見解において，その MPM によって伝えられる財務業績の一側面の記述（企業の財務業績に関する有用な情報を伝えるという理由を含む）
② MPM の計算方法
③ MPM と，それと比較可能な IFRS が表示または開示を要求している合計または小計との間の調整表（reconciliation）
④ 調整表で開示される各項目の法人所得税および非支配持分への影響
⑤ 法人所得税への影響を算定するために適用した，基礎となっている取引の課税法域における法定税率や，当期税金および繰延税金の合理的な比例配分方法など

(ii) 開示形式

図表5-9は，注記における MPM の開示形式を示している。この中で，「営業利益・調整後の営業利益」の欄および「継続事業からの当期純利益・調整後の継続事業からの当期純利益」の欄は，企業が開示する純損益計算書上の数値と MPM との比較およびその差異の原因分析が可能であり，情報利用者にとって特に有用な情報を提供する。

Chapter 5　財務諸表の表示および開示　81

図表 5 - 9 　MPM の開示形式

Management-Defined Performance Measures（20X2）

(Currency Unit)

	IFRS	減損損失	リストラクチャリング費用	有形固定資産の処分益	経営者が定義した業績指標
			調整項目		
その他の営業収益		…	…	(1,800)	
研究開発費		1,600	…		
一般管理費		…	3,800	…	
のれんの減損損失		4,500	…		
営業利益・調整後の営業利益	57,000	6,100	3,800	(1,800)	65,100
法人所得税費用			(589)	297	
継続事業からの当期純利益・調整後の継続事業からの当期純利益	32,100	6,100	3,211	(1,503)	39,908
非支配持分に帰属する当期純利益		305	161	…	

（出典）IASB, 2024, Illustrative Examples on Presentation and Disclosure in Financial Statements, p.15.

■注

1） 2003年以降に行われてきたアメリカの財務会計基準審議会（FASB）との財務諸表の表示共同プロジェクトの概要については，以下を参照。https://www.agu.ac.jp/~ichiro（Topic 5 - 1）.

2） キャッシュ・フロー情報の表示および開示に関しては，IAS 第 7 号「キャッシュ・フロー計算書」（IASB, 2023）が規定する。

Chapter **6**

収益認識の会計

> **Objective of this Chapter—本章の目的**
>
> 本章では，財務報告の目的を達成する上で最も重要な情報の1つである収益（revenue）の認識（recognition）と測定（measurement）に関連して，国際会計基準審議会（IASB）の国際財務報告基準（IFRS）第15号「顧客との契約から生じる収益」の内容とその特徴について学習する。IASBの収益認識に関する会計基準の基本的な考え方を理解するとともに，IFRSの基礎概念との整合性を意識した結果，どのような問題点を有しているかについて理解する。

Section 1　収益認識の会計基準

収益は，財務諸表利用者にとって，企業（entity）の財務業績（financial performance）および財政状態（financial position）を評価する上で重要な数値である。これまで収益認識に関する会計基準は，国際会計基準委員会（IASC）が設定して，その後IASBが承認した国際会計基準（IAS）第11号「工事契約」およびIAS第18号「収益」等により規定されてきた。

しかし，それらの規定内容は，アメリカの一般に認められた会計原則（GAAP）の内容と異なっており，かつ複雑な取引への適用が困難な場合があった。そのため，IASBは，2004年以降，アメリカの会計基準設定主体である財務会計基準審議会（FASB）と共同プロジェクトを開始して，2014年5月に，IFRS第15号「顧客との契約から生じる収益」（アメリカでは，会計基準編纂書（ASC）トピック606）を公表した[1]。

IFRS第15号は，顧客（customers）との契約（contracts）から生じる収益およびキャッシュ・フロー（cash flows）の性質（nature），金額（amount），

時期（timing）および不確実性（uncertainty）に関する有用な情報（useful information）を財務諸表利用者に報告するために，企業が適用しなければならない原則を定めている（IFRS 第15号，par.1）。

Section 2　収益認識の基本原則

企業は，約束した財またはサービス（goods or services）の顧客への移転を，当該財またはサービスと交換に企業が権利を得ると見込まれる対価（consideration）を反映した金額で描写するように，収益を認識する（IFRS 第15号，par.2）。

収益の認識は，図表6-1の5つのステップにより行われる。

図表6-1　収益認識の5ステップ

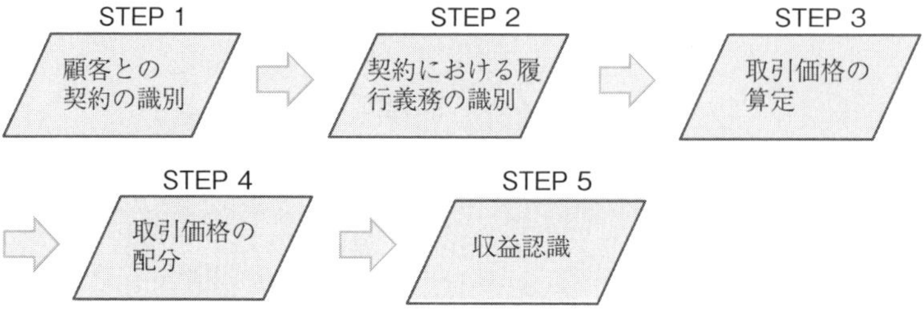

STEP 1
顧客との
契約の識別

STEP 2
契約における履
行義務の識別

STEP 3
取引価格の
算定

STEP 4
取引価格の
配分

STEP 5
収益認識

Glossary—用語解説

（広義の）収益（income）（IFRS 第15号，Appendix A）
　資産（assets）の流入もしくは増価または負債（liabilities）の減少という形での，当該会計期間中の経済的便益（economic benefits）の増加のうち，持分（equity）の増加を生じるものをいう（持分参加者（equity participants）からの拠出に関連するものを除く）。
収益（revenue）（IFRS 第15号，Appendix A）
　広義の収益のうち，企業の通常の活動（ordinary activities）の過程で生じるものをいう。

Section 3　収益認識の第1ステップ
〜顧客との契約の識別〜

　収益を認識するための第1ステップでは，契約の有無の識別（identification）が行われる。契約は，以下のすべてに該当する場合に識別される（IFRS第15号，par.9）。

① 契約の当事者（parties）が，契約を文書，口頭または取引慣行（customary business practices）に従って承認しており，それぞれの義務（obligations）の履行を確約している。
② 企業が移転すべき財またはサービスに関する各当事者の権利を識別できる。
③ 企業が移転すべき財またはサービスに関する支払条件（payment terms）を識別できる。
④ 契約に経済的実質（commercial substance）がある（契約の結果，企業の将来キャッシュ・フローのリスク，時期または金額が変動すると見込まれる）。
⑤ 企業が顧客に移転する財またはサービスと交換に権利を得ると見込まれる対価の回収可能性が高い。

　IASBは，契約の識別を，形式面以上に，実質面に焦点を当てて判断するように規定している。特に，⑤の回収可能性の判断では，支払期限到来時に，顧客が対価を支払う能力および意図について考慮することになる。

Section 4　収益認識の第2ステップ
〜契約における履行義務の識別〜

　収益を認識するための第2ステップでは，履行義務（performance obligations）の識別が行われる。これは，契約の開始時点（contract inception）において，企業が顧客との契約において約束した財またはサービスを評価して，顧客に次のいずれかを移転する約束のそれぞれを履行義務として識別する（IFRS第15号，par.22）。

① 個々の財またはサービス（あるいはそれらのまとまり（bundle））

② 実質的に同一であり，顧客への移転のパターンが同じである一連の個々の財またはサービス

顧客との契約において約束した財またはサービスは，以下の要件の両方を満たした場合には，別個の履行義務として識別される（IFRS第15号，par.27）。

① 顧客が財またはサービスからの便益を，そのもの単独でまたは顧客にとって容易に利用可能な他の資源と組み合わせて得ることができる（本来的に区別可能）。
② 財またはサービスを顧客に移転するという企業の約束が，契約の中の他の約束と区別して識別可能である（契約上区別可能）。

Glossary—用語解説

履行義務（performance obligation）（IFRS第15号，Appendix A）
顧客に次のいずれかを移転するという当該顧客との契約における約束をいう。
① 個々の財またはサービス（あるいはそれらのまとまり）
② 実質的に同一であり，顧客への移転のパターンが同じである一連の個々の財またはサービス

Section 5　収益認識の第3ステップ～取引価格の算定～

企業は，履行義務を充足（satisfaction of performance obligations）したとき，または充足するにつれて，取引価格（transaction price）のうち当該履行義務に配分される金額をもって，収益を認識する（IFRS第15号，par.46）。収益を認識するための第3ステップでは，取引価格の算定が行われる。

取引価格は，顧客への約束した財またはサービスの移転と交換に企業が権利を得ると見込んでいる対価の金額であり，消費税のような第三者のために回収する金額を除く。顧客との契約において約束された対価には，固定金額（fixed amounts），変動金額（variable amounts）あるいはそれらの両方が含まれる場合がある。

変動対価（variable consideration）は，契約における対価に，値引き，リ

ベート，返金，クレジット，価格譲歩，インセンティブ，業績ボーナス，ペナルティー等を含めたものである。取引価格が変動対価である場合には，企業が権利を得ることとなる対価の金額をより適切に予測できる，以下のいずれかの方法で決定される（IFRS 第15号，pars.47-54）。

① 期待値（the expected value）：確率加重金額（probability-weighted amounts）の合計

② 最も可能性の高い金額（the most likely amount）：考えられる対価の金額の範囲における最も可能性の高い金額

Case Study 6-1　変動対価の見積もり

　パソコン製造業者 X 社は，小売業者 A 社にパソコン100台（販売価格@100千円）を10,000千円で販売する。製造業者 X 社は，その後6カ月間にパソコンの提示価格の引下げを見積もっており，引下価格と @100千円との差額を小売業者 A 社に補填することに合意した。

　製造業者 X 社は，類似の契約に関する十分な経験に基づいて，取引価格を下記の［資料］のように見積もった。製造業者 X 社は，権利を得ることとなる対価の金額を，より適切に予測できるのは，期待値法であると判定している。1台当たりの取引価格を計算しなさい。

［資料］

販売価格（単価）　100千円

今後6カ月における価格の引下げ（千円）	発生可能性
0	10%
10	50%
20	40%

［解答・解説］

　価格引下げの発生可能性を考慮した引下げ後販売価格から，期待値により取引価格を計算する。

販売価格（単価）　100千円			
今後6カ月における価格の引下げ（千円）	発生可能性	引下げ後販売価格（千円）	期待値（千円）
0	10%	100	10
10	50%	90	45
20	40%	80	32
		取引価格	87千円

Section 6　収益認識の第4ステップ～取引価格の配分～

　収益を認識するための第4ステップでは，取引価格の履行義務への配分が行われる。取引価格は，企業が約束した財またはサービスを顧客に移転するのと交換に権利を得ると見込んでいる対価の金額を描写するように，それぞれの履行義務に配分される（IFRS第15号，par.73）。

　取引価格の配分は，値引きのほか，変動性のある金額を含んだ対価である場合を除いて，独立販売価格（standalone selling prices）に基づいた配分方法を用いる。独立販売価格とは，企業が約束した財またはサービスを独立に顧客に販売するであろう価格である（IFRS第15号，par.77）。

　独立販売価格が，直接的に観察可能でない場合には，以下の方法により独立販売価格の見積もりが行われる（IFRS第15号，par.79）。

(1)　調整後市場評価アプローチ（adjusted market assessment approach）

　財またはサービスを販売する市場を評価して，当該市場の顧客が財またはサービスに対して支払ってもよいと考えるであろう価格を見積もる。

(2)　予想コストにマージンを加算するアプローチ（expected cost plus margin approach）

　履行義務の充足の予想コストを見積もって，財またはサービスに対する適切なマージンを加算する。

⑶ 残余アプローチ（residual approach）

取引価格の総額から，契約で約束した他の財またはサービスの観察可能な独立販売価格の合計を控除した金額を参照する。

Case Study 6-2　独立販売価格の見積もり

コンピュータ製造業者 X 社は，×０年10月１日に，顧客 A 社との間で業務用コンピュータ150台（販売価格 @500千円）を75,000千円で販売する契約を締結した。契約によれば，製造業者 X 社は顧客 A 社に対してコンピュータ150台を販売するとともに，２年間のメンテナンス・サービスを提供する。メンテナンス・サービスに関して追加請求する金額はない。×１年１月１日に，製造業者 X 社は，契約に従いコンピュータを顧客 A 社に搬入した。以下の［設問］に答えなさい。

［設問］
⑴ コンピュータだけを販売する場合の観察可能な独立販売価格は70,000千円で，２年間のメンテナンス・サービスだけを提供する場合の観察可能な独立販売価格が10,000千円であるとき，コンピュータとメンテナンス・サービスのそれぞれの取引価格を計算しなさい。
⑵ ２年間のメンテナンス・サービスの予想コストが7,000千円で，その合理的な利益率が40％であるとき，コンピュータとメンテナンス・サービスのそれぞれの取引価格を計算しなさい。
⑶ コンピュータだけを販売する場合の観察可能な独立販売価格は70,000千円であるが，２年間のメンテナンス・サービスの独立販売価格は，直接的に観察可能でないとき，コンピュータとメンテナンス・サービスのそれぞれの取引価格を計算しなさい。

[解答・解説]

販売契約金額　75,000

（単位：千円）

(1)

	観察可能な独立販売価格	割合	取引価格
コンピュータ	70,000	87.5%	65,625
メンテナンス・サービス	10,000	12.5%	9,375
	80,000	100%	75,000

(2)

	予想コスト	利益率
メンテナンス・サービス	7,000	40%

		取引価格
メンテナンス・サービス	7,000×（1+0.4）=	9,800
コンピュータ	75,000 - 9,800 =	65,200
		75,000

(3)

	観察可能な独立販売価格
コンピュータ	70,000

		取引価格
コンピュータ	観察可能な独立販売価格	70,000
メンテナンス・サービス	75,000 - 70,000 =	5,000
		75,000

Section 7　収益認識の第5ステップ～収益認識～

　収益認識の第1ステップから第4ステップを経て，企業が，履行義務を充足
したとき，または充足するにつれて，取引価格のうち当該履行義務に配分され
る金額をもって，収益は認識される（IFRS第15号，par.46）。

(1)　履行義務の充足

　履行義務は，顧客に約束した財またはサービスを移転することによって充足
される。財またはサービスは，顧客が当該資産に対する支配（control）を獲
得したとき，または獲得するにつれて，移転したものと考えられる（IFRS第
15号，par.22）。履行義務は，契約の開始時点で，一定期間にわたり充足され

るか，一定時点で充足されるかが決定される（IFRS第15号，par.31）。

(i) 一定期間にわたる履行義務の充足

企業は，以下のいずれかの場合に，財またはサービスの支配を一定期間にわたり移転することで，一定期間にわたり履行義務を充足し，収益を認識する（IFRS第15号，par.35）。

① 顧客が，企業の履行により提供される便益を，企業が履行するにつれて同時に受け取って消費する場合

② 例えば，顧客が資産の創造または増価につれて当該資産を支配する仕掛品（work in process）のように，企業の履行により資産が創造または増価される場合

③ 企業の履行が，当該企業が他に転用できない資産を創出し，かつ企業が現在までに完了した履行への支払いについて強制可能な権利を有している場合

(ii) 一定時点における履行義務の充足

企業は，一定期間にわたる履行義務の充足以外の場合に，一定時点で履行義務を充足して，収益を認識する。顧客が約束された資産に対する支配を獲得して，企業が履行義務を充足する時点の決定では，以下の支配に関する指針（guidance on control）と，支配の移転の指標（indicators of the transfer of control）を考慮しなければならない（IFRS第15号，par.38）。

① 企業が資産に対する支払いを受ける現在の権利を有していること

② 顧客が資産に対する法的所有権（legal title）を有していること

③ 企業が資産の物理的占有（physical possession）を移転したこと

④ 顧客が資産の所有に伴う重大なリスクと経済便益（risks and rewards）を有していること

⑤ 顧客が資産を検収（accepted）していること

⑵ 進捗度の測定

　企業は，完全な履行義務の充足に向けての進捗度（progress）を合理的に測定できる場合にのみ，一定期間にわたり充足される履行義務についての収益を認識しなければならない。適切な進捗度測定の方法には，アウトプット法（output methods）とインプット法（input methods）がある（IFRS 第15号，pars.41-44）。

　進捗度を合理的に測定できないが，当該履行義務の充足における発生したコストの回収を見込んでいる場合には，履行義務の結果を合理的に測定できるようになるまで，収益は発生したコストの範囲で認識される（IFRS 第15号，par.45）。

　アウトプット法は，現在までに移転した財またはサービスの顧客にとっての価値（value to the customer）の直接的な測定と，契約で約束した残りの財またはサービスに対する割合に基づいて行う方法である。具体的には，現在までに完了した履行の調査，達成した成果の鑑定評価（appraisals），達成したマイルストーン（milestones），経過期間（time elapsed），生産単位数（units produced）または引渡し単位数（units delivered）などがある。

　実務上の便法として，例えば，企業が提供したサービスの時間数ごとに固定金額を請求するサービス契約のように，現在までに完了した企業の履行の顧客にとっての価値に直接対応する金額で，顧客から対価を受け取る権利を有している場合には，企業は請求する権利を有している金額で収益を認識することができる。

　アウトプット法の欠点は，進捗度を測定するために使用されるアウトプットが，直接的に観察可能でない場合があり，必要な情報の取得に過大なコストを要する場合があることである。したがって，インプット法が必要となる（IFRS 第15号，B15-17）。

　インプット法は，履行義務の充足のための企業の努力（efforts），または消費した資源（resources consumed），費やした労働時間（labor hours expended），発生したコスト（cost incurred），経過期間，機械使用時間（machine hours used）等のインプットが，履行義務の充足のために予想されるインプット合

計に対する割合に基づいて行う方法である。

インプット法の欠点は，インプットと財またはサービスの顧客への移転との間に，直接的な関係がない場合があることである（IFRS第15号，B18-19）。

Case Study 6-3　代理人販売による収益計上 [2]

下記の［資料］に基づいて，X社の収益はいつ，どのような金額で計上されるかについて，理由とともに答えなさい。

［資料］

X社は，不特定の顧客が多数の供給業者からさまざまな商品を購入することのできるインターネットでの販売市場を運営している。商品がX社のウェブサイトを通して購入された場合，商品は供給業者から直接顧客に配送され，X社は販売価格の8％に相当する手数料を受け取る権利を得る。

X社のウェブサイトは，供給業者の設定している価格で，供給業者と顧客との間の支払いを容易に行うことができる。顧客からの支払いは先払いで，すべての注文は返金不能である。X社は，顧客に対して，顧客の注文した商品を供給業者に手配し，供給業者による発送の手配を確認すれば，それ以上の義務はない。

［解答・解説］

X社は代理人と考えられ，X社の履行義務は，顧客による商品の注文を供給業者に手配することである。したがって，X社は，供給業者に顧客への商品発送の手配を完了した（履行義務の充足）時点で，手数料の金額を収益として計上する。

（考慮すべき指標）

- 供給業者が契約を履行することになる。
- X社は取引に関する在庫リスクを負うことがない。
- X社が受け取る対価は手数料である。
- X社は供給業者の商品に関して価格設定権を有しておらず，商品から受け取る便益は制限されている。
- 顧客からの支払いは前払いであり，X社および供給業者ともに信用リスクを負わない。

Case Study 6-4　工事契約の収益認識

　建設業を営むX社（決算日12月31日）は，下記の［条件］で，×1年1月1日にA社本社ビルの建設契約を締結した。×1年度から×3年度までのそれぞれの年において認識される利益の金額を計算しなさい。

［条件］
- 建設期間は3年（完成予定日×3年12月31日）
- 建設価額6,000百万円の固定価格契約
- 建設時に見積もられた建設原価4,800百万円
- ×1年度から×3年度までの各発生原価の見積もりおよびその合計額は，以下のとおりである。

（単位：百万円）

	×1年度	×2年度	×3年度
発生原価 見積もり	2,000	1,700	1,100
発生原価 見積もり合計	2,000	3,700	4,800

- ×2年度に発生が見込まれる原価は1,700百万円であったが，実際には，そのうち100百万円が翌年度に消費されている。
- ×3年1月1日，環境に配慮するための新たな法律が施行されたことから，追加工事が必要となり，A社は追加工事に関して400百万円支払うことで合意した。X社は，この追加工事に伴い，320百万円の工事原価の増加を見積もり，×3年度の発生原価の見積もり合計額は1,420百万円となった。

［解答・解説］

（単位：百万円）

		×1年度	×2年度	×3年度
(a)	工事収益　全体	6,000	6,000	6,400 （うち追加工事分400）
(b)	工事原価見積もり 全体	4,800	4,800	5,120 （うち追加工事分320）
(c)	各期　発生原価	2,000	1,600 （翌期分繰り越し100）	1,520 （うち追加工事分320） （うち前期発生分100）
(d)	発生原価合計	2,000	3,600	5,120

(e)	進捗度(d)÷(b)	41.67%	75.00%	100.00%
(f)	当期までに稼得した 工事収益合計 (a)×(e)	2,500	4,500	6,400
(g)	利益合計(f)−(d)	500	900	1,280
(h)	各期利益	500	400	380

Case Study 6-5　カスタマー・ロイヤルティ・プログラム[3]

　家電量販店X社は，カスタマー・ロイヤルティ・プログラム（Customer Loyalty Programs, CLP）により，顧客が10円を購入するたびに，1円（購入額の10%）のカスタマー・ロイヤルティ・ポイントを与えている。当該ポイントは，X社にて将来商品を購入するときに，商品代金の支払いに充当することができる。以下の[設問]に答えなさい。

[設問]
⑴　×1年度に，顧客は10,000円の商品を購入し，1,000ポイントを獲得した。対価は固定であり，購入された商品の独立販売価格は10,000円である。X社は，顧客に付与したポイントの90%が交換されると見込んでおり，1ポイント当たりの独立販売価格を0.9円と見積もる。X社の商品販売時における収益と契約負債の金額を計算しなさい。
⑵　×1年度末現在，400ポイントが交換され，X社は引き続き全部で900ポイントが交換されると見込んでいる。X社のポイント交換時におけるカスタマー・ロイヤルティ・ポイントに係る収益の金額を計算しなさい。
⑶　×2年度末現在，累計で800ポイントが交換されている。X社は交換されるポイントの見積もりを更新して，現在では950ポイントが交換されると見込んでいる。X社のポイント交換時におけるカスタマー・ロイヤルティ・ポイントに係る収益の金額を計算しなさい。

[解答・解説]
⑴　収益：9,175円
　　契約負債：825円
　カスタマー・ロイヤルティ・プログラムにおけるポイントは，顧客が契約を締結しないと受け取れない重要な権利を顧客に与える。したがって，X社が顧

客にポイントを提供する約束は，履行義務となる。X社は，取引価格（10,000円）を商品とポイントに独立販売価格の比率で，次のように配分する。

（計算式）

収益：独立販売価格×（商品の独立販売価格÷（商品の独立販売価格＋交換が見込まれるポイントの独立販売価格））

＝10,000×（10,000÷（10,000＋900））

契約負債：独立販売価格×（交換が見込まれるポイントの独立販売価格÷（商品の独立販売価格＋交換が見込まれるポイントの独立販売価格））

＝10,000×（900÷（10,000＋900））

(2) 収益：367円

（計算式）

収益：（交換されたポイント金額÷交換が見込まれるポイントの独立販売価格）×当初のポイント配分額

＝（400÷900）×825

(3) 収益：328円

（計算式）

収益：（交換されたポイント金額÷交換が見込まれるポイントの独立販売価格）×当初のポイント配分額－前期収益認識額

＝（800÷950）×825－367

Glossary—用語解説

契約負債（contract liability）（IFRS 第15号，Appendix A）

顧客に財またはサービスを移転する企業の義務のうち，企業が顧客から対価を受け取っているもの，または対価の金額の期限が到来しているものをいう。

■注

1) IFRS 第15号は，2018年1月1日以後に開始する事業年度より適用される。

2) IASB, 2014b, IE231-233を参考に，筆者作成。

3) IASB, 2014b, IE267-270を参考に，筆者作成。

Chapter

金融商品の会計

Objective of this Chapter―本章の目的

　本章では，特に大きな価値変動が生じやすいことから，財務情報の利用者が，将来キャッシュ・フロー（future cash flows）の金額，時期および不確実性の評価を困難にする原因となる金融資産（financial assets）および金融負債（financial liabilities）の認識と測定基準について学習する。国際会計基準委員会（IASC）が設定して，その後，国際会計基準審議会（IASB）が承認および改訂した国際会計基準（IAS），ならびにIASBが新たに設定した国際財務報告基準（IFRS）における金融商品（financial instruments）の会計基準が，公正価値測定（fair value measurement）をどのように捉えているかについて理解する。

Section 1　金融商品の会計基準

　金融商品の会計は，プロダクト型経済からファイナンス型経済への変化，会計へのニーズにおける利害調整機能から情報提供機能への変化，日本のバブル経済崩壊に伴い生じた不良債権（bad debt）等とその含み損の開示等を背景に生じた，取得原価主義会計の限界と時価主義会計の台頭の代表的な例として説明される。

　現在，IASBは，図表7-1のような複数の金融商品の会計基準を定めている。

Section 2　金融商品の範囲

　金融商品とは，一方の企業（entity）にとって金融資産を，他の企業にとっ

図表7−1 金融商品の会計基準

Setting Year	Accounting Standard		Objective
1995年	IAS 第32号	「金融商品：表示」	金融商品の定義のほか，金融負債または持分の表示，および金融資産と金融負債の相殺（offset）に関する原則を規定すること
1999年	IAS 第39号	「金融商品：認識および測定」	現金または他の金融商品での純額決済，あるいは金融商品との交換により決済できる非金融項目（non-financial item）の売買契約に関する認識と測定に関する原則を規定すること
2005年	IFRS 第7号	「金融商品：開示」	財務諸表の利用者が，以下の事項を評価できるように，企業に財務諸表上の開示を行うように規定すること ①企業の財政状態および業績に対する金融商品の重要性 ②企業が当期中および報告期間の末日現在でさらされている金融商品から生じるリスクの内容およびその程度，ならびに企業の当該リスクの管理方法
2009年（2017年最終改訂）	IFRS 第9号	「金融商品」	財務諸表の利用者が，将来キャッシュ・フローの金額，時期および不確実性を評価するにあたり，目的適合性のある有用な情報を表示する金融資産および金融負債の財務報告に関する原則を規定すること

て金融負債または持分金融商品（equity instrument）を生じさせる契約（contract）をいう（IAS 第32号，par.11）。

(1) 金融資産

金融資産とは，以下のような資産をいう。

① 現金（預金）（cash）

② 他の企業の持分金融商品

③ 次のいずれかの契約上の権利（contractual right）

(a) 他の企業から現金または他の金融資産を受け取る権利

(b) 金融資産または金融負債を潜在的に有利な条件で他の企業と交換する権利

④ 企業自身の持分金融商品で決済されるか，または決済される可能性のある契約で，次のいずれかのもの

(a) デリバティブ以外 (non-derivative)

　企業が可変数 (a variable number) の自己の持分金融商品を受け取る義務があるか，その可能性があるもの。

(b) デリバティブ (derivative)

　固定額 (fixed amount) の現金または他の金融資産と，固定数 (fixed number) の自己の持分金融商品との交換以外の方法で決済されるか，その可能性があるもの。

(2) 金融負債

金融負債とは，以下のような負債をいう。

① 次のいずれかの契約上の義務 (contractual obligation)

(a) 現金その他の金融資産を他の企業に引き渡す義務

(b) 金融資産または金融負債を潜在的に不利な条件で他の企業と交換する義務

② 企業自身の持分金融商品で決済されるか，または決済される可能性のある契約で，次のいずれかのもの

(a) デリバティブ以外

　企業が可変数の自己の持分金融商品を引き渡す義務があるか，その可能性があるもの。

(b) デリバティブ

　固定額の現金または他の金融資産と，固定数の自己の持分金融商品との交換以外の方法で決済されるか，その可能性があるもの。

(3) 持分金融商品

持分金融商品とは，企業のすべての負債を控除した後の資産に対する残余持分 (residual interest) を証する契約である。

Glossary—用語解説

デリバティブ (derivative) (IFRS 第 9 号，Appendix A)

　金融商品またはその他の契約のうち，以下の 3 つの特徴のすべてを有するものをいう。

　① 価値が基礎数値 (underlying) によって変動するもの

　② 当初の純投資額が不要または少額であるもの

　③ 将来決済されるもの

　デリバティブの具体例には，以下のものがある。

　(a) 金融オプション (financial options)

　　　株式，為替，金利などの金融商品を対象として，将来の一定期日あるいは一定期間内に，特定の価格で売買できる権利を売買する取引をいう。

　(b) 先物および先渡取引 (futures and forwards)

　　　いずれも将来の一定期日に，あらかじめ定めた価格で，ある商品を売買する取引をいう。先物取引は取引所での取引で，差金決済が行われ，先渡取引は店頭取引で現物決済が行われる。

　(c) 金利スワップおよび通貨スワップ (interest rate swaps and currency swaps)

　　　スワップとは，等価のキャッシュ・フローを交換する取引をいう。金利スワップは同じ通貨間で異なった種類の金利を交換する取引で元本の交換はない。通貨スワップは異なった通貨間の異なった種類の金利を交換する取引で元本の交換も行う。

基礎数値 (underlying) (IAS 第32号，par.11)

　特定の金利，金融商品価格，コモディティ価格，外国為替レート，価格もしくはレートの指数 (index)，信用格付け (credit rating) もしくは信用指数 (credit index)，またはその他の変数 (variable) をいう。

Section 3　金融商品の認識と測定

　金融商品の当初認識 (initial recognition) および当初測定 (initial measurement) は，以下のとおりである。

　金融資産または金融負債は，企業が当該金融商品の契約条項の当事者になった場合，かつその場合にのみ，公正価値によって，財政状態計算書 (Statement of Financial Position) に認識される (IFRS 第 9 号，par.3.1.1)。

　その際，純損益を通じて公正価値で測定するものではない金融資産または金

融負債の場合には，金融資産の取得または金融負債の発行に直接起因する取引コストを加算または減算する（IFRS 第 9 号，par.5.1.1）。

金融資産の通常の方法による売買は，取引日会計（trade date accounting）または決済日会計（settlement date accounting）により処理される（IFRS 第 9 号，par.3.1.2）。

Glossary—用語解説

取引日会計（trade date accounting）（IFRS 第 9 号，B3.1.5）
　取引日（trade date）とは，企業が資産を購入または売却することで確約した日のことをいう。取引日会計では，①受け取るべき資産とそれに対する支払うべき負債の認識を取引日に行い，②売却する資産の認識中止，処分による利得または損失の認識および買い手に対する債権の認識を取引日に行う。一般に，資産および対応する負債に係る利息は，所有権移転する決済日までは発生しない。

決済日会計（settlement date accounting）（IFRS 第 9 号，B3.1.6）
　決済日（settlement date）とは，資産が企業に引き渡される日または企業が資産を引き渡す日のことをいう。決済日会計では，①資産を企業が受け取った日に認識し，②資産の認識の中止および処分による利得または損失の認識を企業が引き渡した日に行う。決済日会計が適用される場合，企業は，取引日から決済日までの期間における受け取るべき資産の公正価値の変動を，取得した資産の会計処理と同じ方法で会計処理する。

Section 4　金融商品の認識の中止

(1)　金融資産

金融資産は，以下の場合に，認識の中止を行う（IFRS 第 9 号，par.3.2.3）。

① 金融資産からのキャッシュ・フローに対する契約上の権利が消滅した（expire）場合

② 金融資産を譲渡し（transfer），その譲渡が一定の認識の中止の要件を満たす場合

金融資産の譲渡は，以下のいずれかの場合に生じる（IFRS 第 9 号，

par.3.2.4）。

①　金融資産のキャッシュ・フローを受け取る契約上の権利を移転（transfer）する場合

②　金融資産のキャッシュ・フローを受け取る契約上の権利を保持しているが，一定の条件を満たした取り決め（arrangement）において，1名以上の受取人（recipients）に対して，当該キャッシュ・フローを支払う契約上の義務を引き受けている場合

　金融資産の譲渡は，譲渡資産の正味キャッシュ・フローの金額と回収の時期に係る変動リスクから，エクスポージャー（exposure）の変化によって当該金融資産の所有に係るリスクと経済価値（risks and rewards）の移転により判断される（リスク・経済価値アプローチ）。移転の有無が明らかでない場合には，譲渡資産への支配（control）の有無により判断される（図表7-2を参照）。

> **Glossary—用語解説**
>
> **リスク・経済価値アプローチ (risks and rewards approach)[1]**
> 　条件付きの金融資産の譲渡については，金融資産のリスクと経済価値のほとんどすべてが他に移転した場合に当該金融資産の消滅を認識する考え方をいう。
> **財務構成要素アプローチ (financial components approach)[2]**
> 　金融資産を構成する財務的要素に対する支配が他に移転した場合に当該移転した財務構成要素の消滅を認識し，留保される財務構成要素の存続を認識する考え方をいう。これは，現在の日本の「金融商品に関する会計基準」において採用されている。

⑵　金融負債

　金融負債の認識の中止は，契約中に特定された義務（obligation）が免責（discharge），取消し（cancel），または失効（expire）となったときに行わなければならない（IFRS第9号，par.3.3.1）。

　金融資産および金融負債の認識の中止を行う以前には，企業は，当該金融商

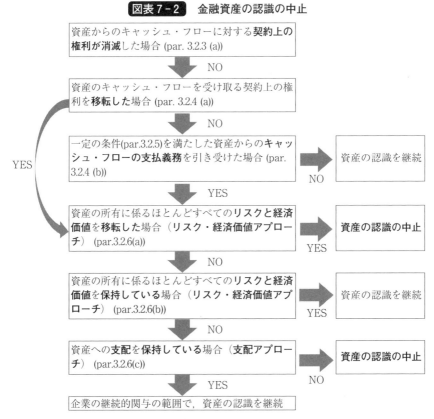

図表7-2 金融資産の認識の中止

（資料）IFRS第9号，3.2およびB3.2.1より作成。

品の認識の中止を，金融商品の一部あるいは金融商品の全体のいずれに適用すべきかを判断する（IFRS第9号，pars.3.2.2 & 3.3.1）。

Section 5　金融商品の事後測定

(1) 事後測定との関連による分類

　金融資産および金融負債は，当該金融商品の事後測定(subsequent measurement)との関わりから，以下のように分類される。

(ⅰ) 金融資産

金融資産は，以下の3つに分類される（IFRS 第9号，pars.4.1.1-5）。

① 償却原価（amortised cost）で事後測定される金融資産

② その他の包括利益（other comprehensive income, OCI）を通じて公正価値（fair value）で事後測定される金融資産

③ 純損益（profit or loss）を通じて公正価値で事後測定される金融資産

上記の分類は，以下の規準に従って行われる。

① 金融資産の管理に関する企業の事業モデル（business model）

② 金融資産の契約上のキャッシュ・フローの特性

すなわち，金融資産の分類は，契約上のキャッシュ・フローの予測の質（predictive quality）に影響する企業の事業モデルに焦点を当てて，契約上のキャッシュ・フローの生じる時期または金額を評価することで行われる。

償却原価で事後測定される金融資産は，金融資産の保有が，契約上のキャッシュ・フローを回収することを目的とした事業モデルに基づいていて，かつ金融資産の契約条件が，特定の日に，唯一，元本（principal）および元本残高（principal amount outstanding）に対する利息の支払いだけキャッシュ・フローを生じさせるような金融資産である（IFRS 第9号，par.4.1.2）。

OCI を通じて公正価値で事後測定される金融資産は，金融資産の保有が，契約上のキャッシュ・フローの回収と売却の両方を目的とした事業モデルに基づいていて，かつ金融資産の契約条件が，特定の日に，唯一，元本および元本残高に対する利息の支払いだけキャッシュ・フローを生じさせるような金融資産である（IFRS 第9号，par.4.1.2）。

純損益を通じて公正価値で事後測定される金融資産は，上記に当てはまらない，その他の金融資産である。

これら3つの分類にかかわらず，会計上のミスマッチ（accounting mismatch）を除去または大幅に軽減する場合等の一定の条件を満たした場合，企業は，当初認識時に，純損益を通じて公正価値で事後測定する金融資産に指定することが認められる（公正価値オプション（fair value option））（IFRS 第9

号，par.4.1.5）。

金融資産の当初認識後に，事業モデルの目的が変更され，かつその変更が企業の事業に重要な場合には，金融資産の分類変更が行われなければならない（IFRS 第 9 号，par.4.4.1）。

> **Glossary—用語解説**
>
> **会計上のミスマッチ（accounting mismatch）**（IFRS 第 9 号，B4.1.29）
> 　測定上または認識上の不一致（inconsistency）を生み出す可能性があることをいう。
> 　例えば，純損益を通じて公正価値で測定するという指定がない場合に，金融資産が OCI を通じて公正価値で事後測定するものに分類され，それに関連すると企業が考える金融負債が償却原価で事後測定される（公正価値の増減が認識されない）場合である。

(ii)　金融負債

金融負債は，以下のものを除いて，実効金利法（the effective interest method）を用いて償却原価で事後測定するものに分類される（IFRS 第 9 号，par.4.2.1）。

① 　純損益を通じて公正価値で測定する金融負債
② 　金融資産の譲渡が認識の中止（derecognition）の要件を満たさない場合，または継続的関与アプローチが適用される場合に生じる金融負債
③ 　別個定義される金融保証契約
④ 　市場金利を下回る金利で貸付金を提供するコミットメント

金融負債もまた，一定の条件を満たした場合に，純損益を通じて公正価値で事後測定する金融負債（公正価値オプション）に指定することが認められている（IFRS 第 9 号，par.4.2.2）。

金融負債の分類変更は，認められない（IFRS 第 9 号，par.4.4.2）。

106

Glossary—用語解説

実効金利法（the effective interest method）（IAS 第32号，par.9）
　金融資産もしくは金融負債の償却原価を計算して，関係する期間に金利収益または金利費用を配分する方法をいう。

実効金利（the effective interest rate）（IAS 第32号，par.9）
　金融商品の予想残存期間を通じての将来の現金支払額または受取額の見積額を，当該金融商品の正味帳簿価額まで正確に割り引く利率をいう。

Case Study 7-1　金融資産の取得

　下記の［取引］について，(1)償却原価で事後測定する金融資産の場合，(2)OCI を通じて公正価値で事後測定する金融資産の場合，(3)純損益を通じて公正価値で事後測定する金融資産の場合のそれぞれについて，①取引日会計と②決済日会計の両方を用いて，各取引日に計上される「当期損益」および OCI の金額を示しなさい。

［取引］
- ×1年12月29日　ある金融資産（有価証券で処理）を，約定日（取引日）現在の公正価値1,000千円で購入する契約を結んだ。
- ×1年12月31日（決算日）　当該資産の公正価値は1,002千円
- ×2年1月4日（決済日）　当該資産の公正価値は1,003千円

(1)　償却原価で事後測定する金融資産の場合
①　取引日会計

（単位：千円）

Year	M/D	Debit	amount	Credit	amount
×1年	12/29	有　価　証　券	1,000	未　　払　　金	1,000
	12/31	仕　訳　な　し			
×2年	1/4	未　　払　　金	1,000	現　金　預　金	1,000

Chapter 7　金融商品の会計　107

② 決済日会計

（単位：千円）

Year	M/D	Debit	amount	Credit	amount
×1年	12/29	仕　訳　な　し			
	12/31	仕　訳　な　し			
×2年	1/4	有　価　証　券	1,000	現　金　預　金	1,000

(2)　OCI を通じて公正価値で事後測定する金融資産の場合

① 取引日会計

（単位：千円）

Year	M/D	Debit	amount	Credit	amount
×1年	12/29	有　価　証　券	1,000	未　　払　　金	1,000
	12/31	有　価　証　券	2	有価証券評価差額金	2
×2年	1/4	未　　払　　金	1,000	現　金　預　金	1,000
		有　価　証　券	1	有価証券評価差額金	1

② 決済日会計

（単位：千円）

Year	M/D	Debit	amount	Credit	amount
×1年	12/29	仕　訳　な　し			
	12/31	有　価　証　券	2	有価証券評価差額金	2
×2年	1/4	有　価　証　券	1,001	現　金　預　金	1,000
				有価証券評価差額金	1

(3)　純損益を通じて公正価値で事後測定する金融資産の場合

① 取引日会計

（単位：千円）

Year	M/D	Debit	amount	Credit	amount
×1年	12/29	有　価　証　券	1,000	未　　払　　金	1,000
	12/31	有　価　証　券	2	有 価 証 券 評 価 益	2
×2年	1/4	未　　払　　金	1,000	現　金　預　金	1,000
		有　価　証　券	1	有 価 証 券 評 価 益	1

② 決済日会計

（単位：千円）

Year	M/D	Debit	amount	Credit	amount
×1年	12/29	仕　訳　な　し			
	12/31	有　価　証　券	2	有 価 証 券 評 価 益	2
×2年	1/4	有　価　証　券	1,001	現　金　預　金	1,000
				有 価 証 券 評 価 益	1

Case Study 7-2　金融資産の売却

下記の［取引］について，(1)償却原価で事後測定する金融資産の場合，(2)OCIを通じて公正価値で事後測定する金融資産の場合，(3)純損益を通じて公正価値で事後測定する金融資産の場合のそれぞれについて，①取引日会計と②決済日会計の両方を用いて，各取引日に計上される「当期損益」およびOCIの金額を示しなさい。

［取引］

- ×2年12月29日　ある金融資産（有価証券で処理）を，約定日（取引日）現在の公正価値1,010千円で売却する契約を結んだ（この資産は，×1年12月29日に1,000千円で取得したものであり，償却原価は1,000千円である）。
- ×2年12月31日（決算日）　当該資産の公正価値は1,012千円
- ×3年1月4日（決済日）　当該資産の公正価値は1,013千円

(1) 償却原価で事後測定する金融資産の場合

① 取引日会計

（単位：千円）

Year	M/D	Debit	amount	Credit	amount
×2年	12/29	未　収　入　金	1,010	有　価　証　券	1,000
				有 価 証 券 売 却 益	10
	12/31	仕　訳　な　し			
×3年	1/4	現　金　預　金	1,010	未　収　入　金	1,010

② 決済日会計

（単位：千円）

Year	M/D	Debit	amount	Credit	amount
×2年	12/29	仕　訳　な　し			
	12/31	仕　訳　な　し			
×3年	1/4	現　金　預　金	1,010	有　価　証　券	1,000
				有価証券売却益	10

(2) OCI を通じて公正価値で事後測定する金融資産の場合

① 取引日会計

（単位：千円）

Year	M/D	Debit	amount	Credit	amount
×2年	12/29	未　収　入　金	1,010	有　価　証　券	1,000
				有価証券評価差額金	10
	12/31	仕　訳　な　し			
×3年	1/4	現　金　預　金	1,010	未　収　入　金	1,010

② 決済日会計

（単位：千円）

Year	M/D	Debit	amount	Credit	amount
×2年	12/29	仕　訳　な　し			
	12/31	有　価　証　券	12	有価証券評価差額金	12
×3年	1/4	現　金　預　金	1,010	有　価　証　券	1,012
		有価証券評価差額金	2		

(3) 純損益を通じて公正価値で事後測定する金融資産の場合

① 取引日会計

（単位：千円）

Year	M/D	Debit	amount	Credit	amount
×2年	12/29	未　収　入　金	1,010	有　価　証　券	1,000
				有価証券売却益	10
	12/31	仕　訳　な　し			
×3年	1/4	現　金　預　金	1,010	未　収　入　金	1,010

② 決済日会計

(単位：千円)

Year	M/D	Debit		amount	Credit		amount
×2年	12/29	仕　訳　な　し					
	12/31	有　価　証　券		12	有価証券評価益		12
×3年	1/4	現　金　預　金		1,010	有　価　証　券		1,012
		有 価 証 券 売 却 損		2			

(2) 金融商品の減損処理

　純損益を通じて公正価値で事後測定される金融資産以外の金融資産は，発生損失モデル（incurred loss model）でなく，予想信用損失モデル（expected credit loss model）により，減損損失（impairment loss）を認識する。これは，売上債権およびリース債権，ならびに契約資産を除いた金融資産で，予想信用損失が測定される場合に認識され，損失引当金（loss allowance）として処理される（IFRS 第 9 号，BC5.198）。

Glossary—用語解説

発生損失モデル（incurred loss model）[3]

　これは，金融資産の当初認識後に発生した損失のみを減損損失として認識する方法をいう。これは，経済状況が悪化する局面で損失の認識が遅くなる一方，対応する利息収益は信用事象の発生の前に認識されていることから，利息収益が前倒しして計上されるといった問題が指摘される。

予想信用損失モデル（expected credit loss model）（IFRS 第 9 号，BC5.198）

　これは，売上債権およびリース債権，ならびに契約資産を除いた金融資産に生じる予想信用損失を，新たな金融資産の当初認識時ではなく，その次の報告日に減損損失（impairment loss）として純損益に認識する方法をいう。

予想信用損失（expected credit loss）（IFRS 第 9 号，Appendix A）

　金融商品の残存期間（lifetime）にわたるすべての現金不足額（cash shortfalls）の現在価値（present value）をいう。

現金不足額（cash shortfalls）（IFRS 第 9 号，Appendix A）

　契約に従って企業に支払われるキャッシュ・フローと，企業が受け取ると見込んでいるキャッシュ・フローとの差額をいう。

予想信用損失モデルでは、図表7-3のようなフロー・チャートに従って、減損損失の認識が行われる。

減損損失は、以下のいずれかで測定される（IFRS第9号, pars.5.5.3-5）。

① 12カ月の予想信用損失（12-month expected credit losses）
② 残存期間にわたる予想信用損失（lifetime expected credit losses）

予想信用損失は、以下の場合を除いて、12カ月の予想信用損失として測定する（IFRS第9号, par.5.5.5）。

① 金融商品の信用リスク（credit risk）が、当初認識時よりも著しく増加した場合
② 測定に関する特別な規定が適用される場合

ここで、信用リスクが著しく増加したか否かは、個別単位または将来予測情報が入手可能であればグループ単位で判断される。それは、債務不履行の発生

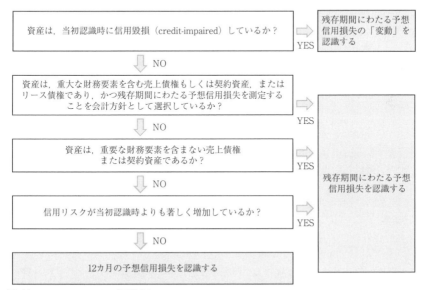

図表7-3 予想信用損失モデルによる減損処理

（出典）KPMG, 2014, p.60.（同訳書）
　　　　IASB, 2014c, IFRS No.9, Financial Instruments , IASB, par.12-3, 12-4, 12-6, 12-7.（同訳書）

に伴う損失額の規模の変化ではなく、金融商品の残存期間にわたって債務不履行が発生するリスク（risk of default）の変化を用いて評価される。すなわち、信用リスクが著しく増加したか否かは、当初認識時と報告日時点の債務不履行リスクの比較により決定される（IFRS第9号，par.5.5.9）。

　予想信用損失の測定は、以下の事項を反映して行われる（IFRS第9号，par.5.5.17）。

① 偏りのない、発生確率で加重平均した金額
② 貨幣の時間価値
③ 過度なコストまたは労力を要せず入手可能な合理的かつ裏づけ可能な情報

Glossary—用語解説

12カ月の予想信用損失（12-month expected credit losses）
　残存期間にわたる予想信用損失の一部であり、金融商品について報告日後12カ月に発生する可能性のある債務不履行事象（default events）に起因する予想信用損失を表す。

残存期間にわたる予想信用損失（lifetime expected credit losses）
　金融商品について残存期間にわたり発生する可能性のある債務不履行事象に起因する予想信用損失を表す。

Case Study 7-3　減損損失の認識[4]

　一括返済型貸付金を総額で750,000千円組成するX銀行は、予想信用損失モデルに基づいて、損失率を算出して、予想信用損失を計上する。損失率の算定では、X銀行の過去の債務不履行および損失の実績サンプルが考慮される。下記の［条件］および［資料］に基づいて、予想信用損失および損失率を計算しなさい。

［条件］
• X銀行は、共通の信用リスクに基づいて、当初認識時に、ポートフォリオをグループAおよびグループBに区分した。
• ポートフォリオの顧客数および顧客1件当たりの帳簿価額は、それぞれ［資料］aおよび［資料］bのとおりである。

Chapter 7　金融商品の会計　113

- X銀行は，将来予測的な情報を考慮して，過去の情報を，将来の経済状況の合理的で裏づけ可能な予測について更新する。過去における各グループの債務不履行件数は[資料] c 1のとおりである。報告日現在において，X銀行は，今後12カ月の債務不履行の増加を実積率との比較で予想すると，今後12カ月間に，各グループにおいて生じると見積もられる債務不履行件数は，[資料] c 2のとおりである。
- 顧客1件当たりの観察される信用損失の現在価値は，過去の1件当たりの損失と依然として整合的である。なお，予想信用損失は，実効金利を用いて割り引くべきであるが，ここでは，債務不履行時の帳簿価額の合計額の見積もりの80％を，観察された損失の現在価値として仮定する。

[資料]

グループ	サンプル中の顧客数	債務不履行時の顧客1件当たりの総額での帳簿価額の見積もり（単位：千円）	過去の年平均の債務不履行件数	予想債務不履行件数
―	a	b	c 1	c 2
A	500	500	5	6
B	500	1,000	3	4

[解答・解説]
【資料1】

グループ	サンプル中の顧客数	債務不履行時の顧客1件当たりの総額での帳簿価額の見積もり（単位：千円）	過去の年平均の債務不履行件数	債務不履行時の総額での帳簿価額の見積もりの合計額（単位：千円）	債務不履行時の総額での帳簿価額の合計額の見積もり（単位：千円）	観察された損失の現在価値（単位：千円）[*1]	損失率
―	a	b	c 1	d = a × b	e 1 = b × c 1	f 1	g 1 = f 1 ÷ d
A	500	500	5	250,000	2,500	2,000	0.80%
B	500	1,000	3	500,000	3,000	2,400	0.48%

【資料2】

グループ	サンプル中の顧客数	債務不履行時の顧客1件当たりの総額での帳簿価額の見積もり（単位：千円）	予想債務不履行件数	債務不履行時の総額での帳簿価額の見積もりの合計額（単位：千円）	債務不履行時の総額での帳簿価額の合計額の見積もり（単位：千円）	観察された損失の現在価値（＊1）（単位:千円）	損失率
—	a	b	c2	d＝a×b	e2＝b×c2	f2	g2＝f2÷d
A	500	500	6	250,000	3,000	2,400	0.960%
B	500	1,000	4	500,000	4,000	3,200	0.640%

（＊1）予想信用損失は，債務不履行時の帳簿価額の合計額の見積もりの80％として
計算する。

　［資料］から，過去の各グループの母集団についての損失率は［資料1］g1
のとおりである。今後12カ月の債務不履行の増加を実積率との比較で予想する
と，予想信用損失は［資料2］f2，および損失率は［資料2］g2のとおりで
ある。

■注

1）　企業会計基準委員会，2008，第57項。
2）　企業会計基準委員会，2008，第57項。
3）　Financial Crisis Advisory Group（FCAG），2009, p.7.
4）　IASB, 2014c, IE53-57を参考に，筆者作成。

Chapter

8

棚卸資産の会計

> **Objective of this Chapter—本章の目的**
>
> 本章では，関連する収益（revenue）が認識されるまで，資産として認識され繰り越される棚卸資産（inventories）の原価の決定と，期末における棚卸資産の評価を含めた費用の認識について学習する。棚卸資産は，売上に対応する売上原価の計算において重要な資産である。国際会計基準委員会（IASC）が設定して，その後，国際会計基準審議会（IASB）が承認および改訂した国際会計基準（IAS）第2号「棚卸資産」の会計基準のもとで，棚卸資産の原価をどのように決定し，期末における評価減（write-down）をどのように行うかについて，公正価値測定（fair value measurement）の視点から理解する。

Section 1 棚卸資産の範囲

　棚卸資産の会計は，企業（entity）が経済的便益（economic benefits）を創出するために保有する商品等の原価の評価を行うことで，売上に対応した（売上）原価の計算と，将来キャッシュ・フローを創造する経済的資源（economic resources）の測定を行って，意思決定に有用な情報を提供するものである。

　IASC は，1975年に IAS 第2号「取得原価主義会計における棚卸資産の評価および表示」を設定し，1993年に IAS 第2号「棚卸資産」として改訂した。IASB は，2003年に IAS 第2号「棚卸資産」を改訂して，現在に至っている。

　棚卸資産とは，以下のような資産をいう（IAS 第2号，par.6)。

① 通常の事業の過程において販売を目的として保有されている（held for sale）もの

② その販売を目的とする生産の過程にある（in the process of production）もの

③ 生産過程またはサービスの提供にあたって消費される原材料（materials）または貯蔵品（supplies）

具体例として，①に商品および製品，②に仕掛品および半製品，③に原材料および貯蔵品，等が挙げられる。

Section 2　棚卸資産の測定

棚卸資産の原価算定方式（cost formula）は，購入原価（costs of purchase），加工費（costs of conversion）および棚卸資産が現在の場所（locations）と状態（condition）に至るまでに発生したその他のコストのすべてを含めて計算される（IAS第2号，par.10）。

棚卸資産は，当該棚卸資産が販売されたとき，その帳簿価額（carrying amount）をもって，対応する収益が認識される期間の費用として認識される。

期末の棚卸資産は，以下の方法を用いて評価される（IAS第2号，pars.23-27）。

① 個別法（specific identification cost method）

② 先入先出法（first-in first-out formula, FIFO）

③ 加重平均法（weighted average cost formula）

個別法は，代替性がなく，特定のプロジェクトのために製造される財またはサービス（goods or services）である棚卸資産である場合に，棚卸資産の原価を，個々の原価の個別特定（specific identification）で算定する方法である。個別法で処理する場合を除いて，先入先出法または加重平均法が用いられる。

先入先出法は，先に購入または製造したものから先に販売されると仮定して，期末時点の棚卸資産の原価を，最も直近に購入または製造したものとして算定する方法である。

加重平均法は，類似品目（similar items）の期首現在の原価と期中に購入または製造した類似品目の原価との加重平均により，各品目の原価を算定する方

法である。その平均は，企業の状況に応じて，一定期間ごとにまたは追加的な出荷を受けるごとに算出される。

Section 3　低価法の強制適用

期末の棚卸資産は，原価と正味実現可能価額（net realizable value）とのいずれか低い価額（at the lower of cost or net realizable value ）で測定される（低価法）（IAS 第 2 号，par.9）。ただし，生産過程またはサービスの提供にあたって消費される原材料および貯蔵品に関して，再調達原価（replacement cost）が正味実現可能価額の測定値として適切な場合もある（IAS 第 2 号，par.32）。

Glossary—用語解説

正味実現可能価額（net realizable value） （IAS 第 2 号，par.6）
　通常の事業の過程における見積売価（estimated selling price）から，完成に必要な見積原価（estimated costs）および販売に必要な見積費用（estimated costs）を控除した金額をいう。

低価法の適用は，下記の理由等から棚卸資産の原価を回収できなくなったとき，資産の販売または利用によって実現すると見込まれる金額（amounts expected to be realized）を超えて評価するべきではないという考え方に整合的である（IAS 第 2 号，par.28）。

① 棚卸資産が損傷（damaged），全部または一部が陳腐化（obsolete），および販売価格が下落（declined）した場合
② 完成に必要な見積原価（estimated costs）または販売に必要な見積費用（estimated costs）が増加した場合

棚卸資産は，通常，個別の品目ごと（item by item）に評価される（品目法）。しかし，同一地域で生産と販売が行われ，かつ個別に評価することが実務上困難な同一生産ラインに係る棚卸資産のように，同種または は関連する品目

（similar or related items）のグループごとに行うことが適切な場合もある（類別法）（IAS 第 2 号，par.29）。

棚卸資産の正味実現可能価額への評価減の金額および棚卸資産に係るすべての損失は，評価減または損失が発生した期間に費用として認識される。

棚卸資産の評価減の原因となった過去の状況が存在しなくなった場合，または経済的状況の変化によって，正味実現可能価額が増加したという明確な証拠がある場合には，評価減した金額を限度（すなわち，取得原価が上限となる）として，評価減の金額を戻し入れる（reversal）（IAS 第 2 号，par.33）。正味実現可能価額の上昇により生じる棚卸資産の評価減の戻入額（amount of reversal）は，その戻入れを行った期間に，費用として認識した棚卸資産の金額の減額として認識される（洗替え法（reversal method））（IAS 第 2 号，par.34）。

Case Study 8-1 　棚卸資産の評価

　下記の［資料］に基づいて，品目法と類別法により，棚卸資産の期末評価額と商品評価損の金額を計算し，評価方法の相違によって，棚卸資産の評価額にどのような相違が生じるか説明しなさい。

【資料】

（単位：千円）

商品グループ		原価	正味実現可能価額
X グループ	商品 A	26,000	22,000
	商品 B	28,000	25,500
	商品 C	30,000	30,000
	小計	84,000	77,500
Y グループ	商品 D	12,000	9,500
	商品 E	14,000	17,000
	小計	26,000	26,500
合計		110,000	104,000

Chapter 8　棚卸資産の会計　119

【解答】

（単位：千円）

商品グループ		品目法		類別法	
		商品評価額	商品評価損	商品評価額	商品評価損
X グループ	商品 A	22,000	4,000		
	商品 B	25,500	2,500		
	商品 C	30,000	0		
	小計	77,500	6,500	77,500	6,500
Y グループ	商品 D	9,500	2,500		
	商品 E	14,000	0		
	小計	23,500	2,500	26,000	0
合計		101,000	9,000	103,500	6,500

　品目法では，個々の商品の原価の回収可能性が評価されるという意味で，有用な情報提供が行われるが，仮に将来キャッシュ・フローが商品グループによって生じるような場合には，類別法による評価損の計上のほうが，有用な情報を提供する可能性がある。

Chapter **9**

有形固定資産の会計

Objective of this Chapter─本章の目的

　本章では，企業（entity）が財またはサービス（goods or services）の生産または供給に利用するため，他人に賃貸するため，あるいは管理目的のために保有する有形固定資産（property, plant and equipment）に対する投資（investment）およびその変動に関する会計処理について学習する。国際会計基準委員会（IASC）が設定して，その後，国際会計基準審議会（IASB）が承認および改訂した国際会計基準（IAS）第16号「有形固定資産」の会計基準のもとで，有形固定資産をどのように認識および測定するかについて，公正価値測定（fair value measurement）の視点から理解する。

Section 1　　有形固定資産の意味

　有形固定資産の会計は，企業が経済的便益（economic benefits）を創出するために利用する機械等の原価の評価を行うことで，売上に間接的に対応して費消された価値測定と，将来キャッシュ・フローを創造する経済的資源（economic resources）の測定を行って，意思決定に有用な情報を提供するものである。

　IASC は，1982年に IAS 第16号「有形固定資産の会計処理」を設定し，1993年に IAS 第16号「有形固定資産」として改訂した。IASB は，2003年に IAS 第16号を改訂して，現在に至っている。

　有形固定資産とは，以下の両方の規準を満たす有形（tangible）の資産をいう（IAS 第16号，par.6）。

① 財またはサービスの生産または供給に利用するため，他人に賃貸するため，あるいは管理目的のために保有されるもの
② 一会計期間を超えて使用されると予想されるもの

Section 2　有形固定資産の認識

有形固定資産は，以下の場合に，発生時に原価をもって，資産として認識される（IAS第16号，pars.7, 10 & 15）。

① 当該資産に関連して将来の経済的便益が企業に流入する可能性が高く，
② 当該資産の原価が信頼性をもって測定できる。

原価には，有形固定資産の取得または建設のために当初発生するコストおよび取得後に追加，取り替えまたは保守のために発生するコストが含まれる。
有形固定資産の原価は，以下のものから構成される（IAS第16号，par.16）。

① 購入価格（purchase price）（輸入関税（import duties）および還付されない取得税（non-refundable purchase taxes）を含み，値引き（discounts）および割戻し（rebates）を控除）
② 設置費用等，経営者の意図した方法で稼働するために必要な直接付随費用（any directly attributable cost）
③ 使用した結果発生する解体（dismantling）および除去（removing）費用，ならびに敷地の原状回復（restoring）費用等の当初見積額

有形固定資産の原価は，認識日時点の現金価格相当額である。有形固定資産が，非貨幣性資産との交換で取得される場合等には，原価は公正価値で測定される（IAS第16号，pars.23-24）。

Section 3　有形固定資産の事後測定

(1)　会計方針の選択

　企業は，以下のいずれかの方法を会計方針（accounting policy）として選択して，有形固定資産の種類ごとに適用しなければならない（IAS 第16号，pars.29-31）。

(i)　原価モデル（cost model）
　有形固定資産を取得原価から減価償却累計額（accumulated depreciation）および減損損失累計額（accumulated impairment losses）を控除した価額で計上する方法。

(ii)　再評価モデル（revaluation model）
　有形固定資産を，再評価日の公正価値から，その後の減価償却累計額および減損損失累計額を控除した再評価額（revalued amount）で計上する方法。
　再評価は，帳簿価額（carrying amount）が，報告期間（reporting period）の末日現在の公正価値と大きく異ならないような頻度で定期的に行われなければならない。

(2)　再評価モデル選択後の会計処理

　再評価モデルを選択した場合，帳簿価額と再評価額との差額は，以下のように会計処理される（IAS 第16号，pars.39-40）。

(i)　有形固定資産の再評価額が帳簿価額よりも増加する場合
　増加額はその他の包括利益（other comprehensive income, OCI）に認識し，再評価剰余金（revaluation surplus）の科目名で持分（equity）に累積する。ただし，過去に純損益（profit or loss）に認識した同一資産の再評価減少額（revaluation decrease）がある場合には，再評価減少額の範囲内で当該増加額

を純損益に戻し入れる。

(ii)　有形固定資産の再評価額が帳簿価額よりも減少する場合

　減少額は純損益に認識する。ただし，過去に OCI に認識した同一資産の再評価剰余金がある場合には，再評価剰余金の貸方残高の範囲で，当該減少額を OCI に認識する。

Case Study 9-1　土地（非償却資産）の再評価

　有形固定資産の事後測定において，会計方針として再評価モデルを採用している場合，下記の［資料］に基づいて，(1)から(3)の日付において，非償却資産である土地の評価差額をどのように処理するか答えなさい。

【資料】
資産：土地
(単位：千円)

	年	月日	摘要	金額	評価差額
	×1年	1月1日	取得原価	10,000	
(1)	×1年	12月31日	再評価額	15,000	5,000
(2)	×2年	12月31日	再評価額	9,000	−6,000
(3)	×3年	12月31日	再評価額	12,000	3,000

(1)　(状況) 再評価額が取得原価よりも高い。
　　　(処理)「評価益」は認識せず，「再評価剰余金」を認識する。
(2)　(状況) 再評価額が前年度の再評価額よりも低く，かつ取得原価よりも低い。
　　　(処理)「再評価剰余金」を取り崩して，さらに低い部分は「評価損」として認識する。
(3)　(状況) 再評価額が前年度の再評価額よりも高く，かつ取得原価よりも高い。
　　　(処理) 取得原価まで「評価益」として認識して，さらに高い部分は「再評価剰余金」として認識する。

【解答】
(単位：千円)

	再評価の日		再評価剰余金	土地評価益
(1)	×1年	12月31日	5,000	0
(2)	×2年	12月31日	−5,000	−1,000
(3)	×3年	12月31日	2,000	1,000

Chapter 9 有形固定資産の会計 125

Section 4 有形固定資産の減価の処理

⑴ 減価償却

有形固定資産は，重要な構成部分ごとに，減価償却（depreciation）される。資産の償却可能額（depreciable amount）は，耐用年数（useful life）にわたって規則的な方法（systematic basis）で配分される。各期間の減価償却費（depreciation cost）は，純損益に認識される。

減価償却の方法は，資産の将来の経済的便益を企業が消費すると予想されるパターンを反映しなければならない。具体的な方法として，以下の３つが用いられる可能性がある。

① 定額法（straight-line method）
② 定率法（diminishing balance method）
③ 生産高比例法（units of production method）

資産の残存価額（residual value），耐用年数および減価償却の方法は，少なくとも各事業年度末に再検討（reviewed）して，予想が以前の見積もりと異なる場合には，IAS 第 8 号「会計方針，会計上の見積もりの変更および誤謬」に従って，会計上の見積もりの変更（change in an accounting estimate）として会計処理される（IAS 第16号，pars.43, 48, 50 & 51）。

> **Glossary—用語解説**
>
> **減価償却（depreciation）**（IAS 第16号，par.6）
> 　資産の償却可能額（depreciable amount）をその耐用年数（useful life）にわたって規則的に配分（systematic allocation）することをいう。
> **償却可能額（depreciable amount）**（IAS 第16号，par.6）
> 　資産の取得原価またはそれに代わる金額から，残存価額を控除した金額をいう。
> **耐用年数（useful life）**（IAS 第16号，par.6）
> 　以下のいずれかをいう。
> 　①　資産が企業によって利用可能であると予想される期間
> 　②　企業が当該資産から得られると予想される生産高またはこれに類似する単位数
> **残存価額（residual value）**（IAS 第16号，par.6）
> 　資産の耐用年数が到来かつ終了した時点で，企業が当該資産を処分（disposal）することにより現時点で得るであろう見積金額（estimated amount）（処分コストの見積額控除後）をいう。

(2)　減　損

　有形固定資産に減損（impairment）の兆候（indication）がみられる場合には，IAS 第36号「資産の減損」に従って，減損損失（impairment loss）の認識および測定が行われる（IAS 第16号，par.63）（Chapter 12を参照）。

Case Study 9-2　建物（償却資産）の再評価と減価償却の修正

　X 社（決算日は，12月31日）は，有形固定資産の事後測定において，会計方針として再評価モデルを採用している。下記の **[資料]** の建物に関して，×3年12月31日の再評価額が900千円であったとき，建物の再評価と減価償却の修正に関する会計処理を行いなさい。

【資料】
- 取得日　×1/1/1
- 取得原価　1,000千円
- 耐用年数　5年
- 残存価額　0千円
- 減価償却　定額法　200千円

（単位：千円）

	年月日	取得原価	期首帳簿価額（純額）	減価償却費	再評価額	期末帳簿価額（純額）	減価償却累計額調整	減価償却累計額	再評価剰余金
1	×1/12/31	1,000	1,000	200		800		200	
2	×2/12/31	1,000	800	200		600		400	
3	×3/12/31	1,000	600	300	900	600	−300	400	300
4	×4/12/31	1,000	600	300		300		700	
5	×5/12/31	1,000	300	300		0		1,000	

【解答】

×3/12/31

Year	M/D	Debit	amount	Credit	amount
×3年	12/31	減価償却累計額	300	再評価剰余金	300
		減価償却費	300	減価償却累計額	300

または

Year	M/D	Debit	amount	Credit	amount
×3年	12/31	減価償却費	200	減価償却累計額	200
		減価償却累計額	300	再評価剰余金	300
		減価償却費	100	減価償却累計額	100

Section 5　有形固定資産の認識の中止

有形固定資産は，以下の時点で認識の中止（derecognition）を行う。

① 処分（disposal）時
② その使用または処分から将来の経済的便益が期待されなくなったとき

有形固定資産の認識の中止により生じる利得または損失（gain or loss）は，認識を中止したときに，純損益に認識される（IAS 第16号，pars.67-68）。

Chapter **10**

リースの会計

> **Objective of this Chapter—本章の目的**
>
> 本章では，企業（entity）が多額の自己資金あるいは借入資金を要して設備を購入することなく，財またはサービス（goods or services）の生産または供給を可能とする手段として発展を遂げてきたリース（lease）取引に関する会計処理について学習する。国際会計基準審議会（IASB）が2016年に公表した国際財務報告基準（IFRS）第16号「リース」が，借り手（lessee）と貸し手（lessor）の間で行われるリース取引をどのように認識および測定するかについて，公正価値測定（fair value measurement）の視点から理解する。

Section 1　リースの会計基準

　リースとは，資産（原資産（underlying asset））の使用権（the right to use）を一定期間にわたり，対価と交換に移転する契約または契約の一部である（IFRS 第16号，Appendix A）。リースは，アメリカにおいて土地の賃貸借から始まり，その後，不動産に限らず，動産までを含めて，資産全般の長期的な賃貸借取引として発展を遂げた。リースは，法律上賃貸借取引であるが，経済的実質は金融取引としての性格を有しており，企業経営における価値観に，所有価値から利用価値への変化を生じさせた。

　リースに類似した賃貸借を行う取引の形態として，レンタル（rental）取引がある。リースとレンタルの相違点としては，リースはレンタルに比べて，賃借期間が長期間に及び，賃借物件が借り手の指定した特定機種で，高額なものが多い点にある。

リースのメリットは，以下のようにまとめられる。

① 効率的な資金運用が行われる。
② 陳腐化に弾力的に対応できる。
③ 所有に伴う手間や経費が省け，事務負担を軽減することができる。
④ 資産取り替えの手間が省かれる。
⑤ 金利変動リスクを回避できる。

　リースに関する会計基準は，1982年に，国際会計基準委員会（IASC）によって国際会計基準（IAS）第17号「リースの会計」として設定された。IAS第17号は，1997年に IASC によって「リース」として改訂され，2003年に IASB によって再度改訂されている。

　これまでのリース会計基準は，リース取引をファイナンス・リース（finance lease）とオペレーティング・リース（operating lease）に分類して，以下のような会計処理を規定していた。すなわち，借り手および貸し手ともに，ファイナンス・リースに分類されるリースでは，リース取引に関する資産および負債を認識し，それ以外のオペレーティング・リースに分類されるリースでは，通常の賃貸借取引と同様に会計処理するというものであった。ところが，これらの会計処理に関して，以下の問題が指摘された。

① オペレーティング・リースを賃貸借取引と同様に会計処理することは，リースによる資金調達に関する情報を正しく反映しておらず，情報利用者の意思決定に有用な情報を提供できない。
② リースという類似した会計事象に異なった会計処理を規定することは，財務情報の比較可能性を低下させる。

　そこで，2006年に，IASB とアメリカの財務会計基準審議会（FASB）との間で共同プロジェクトが開始され，2016年に，IASB は IFRS 第16号「リース」を，FASB は会計基準編纂書（ASC）Topic842「リース」を公表した。共同プロジェクトであったにもかかわらず，IASB と FASB の会計基準には，借り手の会計処理およびセール・アンド・リースバック取引（sale and leaseback transaction）の会計処理に関して，相違が生じている。

Chapter 10 リースの会計 131

Glossary—用語解説

原資産（underlying asset）
　リースの対象である資産で，貸し手によって借り手に対して，当該資産の使用権が移転されているものをいう。

Section 2　リースの識別

　IFRS第16号によると，企業は，契約時（inception of a contract）に，契約がリースであるか，またはリースを含んだものかを判定して，契約をリースの構成部分と非リース構成部分とに分けて会計処理しなければならない（IFRS第16号，par.9，12）。

　契約がリースであるか，またはリースを含んだものであるかは，一定期間にわたり対価と交換に資産の使用を支配する権利を譲渡する契約であるか否かによって判定される。具体的には，以下の両方の権利の有無による（IFRS第16号，BC22）。

① 識別された資産の使用から生じる経済的便益のほとんどすべてを得る権利
② 識別された資産の使用方法および使用目的を指図する権利

Case Study 10-1　リースの判定

　以下の［資料］に基づいて，2つのケースに関して，リースの判定を行いなさい。

［資料］
　顧客であるX社は，5年間にわたり，船舶の使用について，船舶所有者である供給者A社と契約をした。船舶は，契約で特定されていて，A社は入替えの権利を有していない。A社は，船舶の運航とメンテナンスを行い，船舶に積載する貨物の安全な輸送への責任を有する。X社は，契約期間中に，当該船舶を別の運航者で運航したり，自ら運航することも，禁じられている。

| Case 1 | 契約は，東京からロサンゼルスへの貨物の輸送とされ，輸送される貨物および受取日と配達日も特定されている。 |
| Case 2 | 契約は，海賊の出現等，高いリスクの水域の運航と，危険物の輸送を禁止しているが，それ以外にはX社が輸送される貨物，運航日，運航水域を決定する。 |

[解答・解説]
• Case 1　リースを含んでいない。
• Case 2　リースを含んでいる。

　Case 1では，X社は，使用期間にわたり，船舶の使用による経済的便益のほとんどすべてを得る権利を有しているが，船舶の使用方法および使用目的を指図する権利を有していない。

　Case 2では，契約は運航水域および貨物を一部制限しているが，それはA社の投資および船員を保護する防御的な権利である。したがって，X社は，使用期間にわたり，船舶の使用による経済的便益のほとんどすべてを得る権利と，船舶の使用方法および使用目的を指図する権利を有する。

Glossary—用語解説

リースの契約日（inception date of the lease）（IFRS 第16号，Appendix A）
　リース契約の日（date of the lease agreement）または当事者がリースの主要条項について確約した日（date of commitment）のいずれか早い日をいう。

Section 3　借り手の会計処理

(1)　当初認識

　借り手は，以下の2つのリースに関して，リース料（lease payments）をリース期間（lease term）にわたり定額法（straight-line basis）または他の規則的な方法で，費用として認識する（IFRS 第16号，par.5）。

①　短期リース（short-term leases）
②　原資産が少額（low value）であるリース

その他のリースでは，借り手は，リースの開始日（commencement date）に，使用権資産（right-of-use asset）およびリース負債（lease liability）を認識する（IFRS 第16号，par.22）。

使用権資産は，開始日において，原価（cost）で測定される。原価は，以下のものから構成される（IFRS 第16号，pars.23-24）。

① リース負債の当初測定額
② 開始日以前に支払われたリース料（リース・インセンティブ（lease incentive）を控除後）
③ 借り手に発生した当初直接コスト（initial direct costs）
④ リース契約が規定している原資産の解体および除去，原資産の敷地の原状回復または原資産の原状回復において，借り手に生じるコストの見積額

リース負債は，開始日において支払われていないリース料の現在価値（present value）で測定される。現在価値の算定に用いる割引率（discount rate）は，容易に算定できる場合にはリースの計算利子率（interest rate implicit）として，それが困難な場合には，借り手の追加借入利子率（incremental borrowing rate）を用いる（IFRS 第16号，par.26）。

⑵ 事後測定

使用権資産は，開始日以降において，原価モデル（cost model）を用いて測定される（IFRS 第16号，pars.30-33）[1]。原価モデルでは，借り手は使用権資産の原価に，減価償却累計額および減損損失累計額，並びにリース負債の再測定に伴う調整額を加減して測定する。

減価償却は IAS 第16号「有形固定資産」の規定および減損損失は IAS 第36号「資産の減損」の規定に従って行う（Chapter 9 および Chapter 12を参照）。使用権資産の減価償却は，リースが原資産の所有権をリース期間の終了時までに借り手に移転する場合，または原価が購入選択権（option to purchase）を反映している場合には，リースの開始日から原資産の耐用年数（useful life）の終了時まで行う。

リース負債は，開始日以後において，以下のように測定される（IFRS 第16号，pars.36-38）。

① リース負債に関する利子を反映して帳簿価額を増額

② 支払われたリース料を反映して帳簿価額を減額

③ リースの条件変更があった場合には，それを反映するか，改訂後の実質上の固定リース料を反映するように帳簿価額を再測定

リース負債に関する利子は，リース負債の残高に対して，毎期一定の利子率から計算した金額であり，損益に認識する。

Case Study 10-2　借り手の会計処理

X社は，×1年1月1日に，製造機器（以下，リース資産）を扱うY社との間でリース契約を締結し，リースを開始した。下記 [資料] に基づいて，借り手であるX社のリースの開始日（1月1日）および決算日（12月31日）における仕訳を示しなさい。

[資料]
- リース期間は5年間であり，リースを延長または解約する期間の選択権はない。
- リース料は年870,000円であり，各年度の期末に現金で支払う。
- X社にリースを行うための当初直接コストは発生しない。
- Y社はX社に対するリース・インセンティブとしての補償を行わない。
- リースの計算利子率は容易に算定できない。X社の追加借入利子率は年3％である。
- リース資産の耐用年数は5年である。見積残存価額は0円である。
- X社が採用する減価償却の方法は定額法である。

[解答・解説]

（単位：円）

M/D	Debit	amount	Credit	amount
1/1	使用権資産	3,984,345 [*1]	リース負債	3,984,345
12/31	リース負債	870,000	現　　金	870,000
	支払利息	119,530 [*2]	リース負債	119,530
	減価償却費	796,869 [*3]	減価償却累計額	796,869

Chapter 10　リースの会計　135

（＊１）　開始日における使用権資産およびリース負債の計算
　　　　　$870,000 \div (1 + 0.03) + 870,000 \div (1 + 0.03)^2 + 870,000 \div (1 + 0.03)^3$
　　　　　$+ 870,000 \div (1 + 0.03)^4 + 870,000 \div (1 + 0.03)^5 = 3,984,345$

（＊２）　支払利息の計算とリース負債の変化

（単位：円）

年度	a 期首リース負債	b a×利子率 支払利息	c a + b	d リース料	e c − d 期末リース負債
×1	3,984,345	119,530	4,103,875	870,000	3,233,875
×2	3,233,875	97,016	3,330,891	870,000	2,460,891
×3	2,460,891	73,826	2,534,717	870,000	1,664,717
×4	1,664,717	49,941	1,714,658	870,000	844,658
×5	844,658	25,342 (＊)	870,000	870,000	0

　　　　（＊）　リース料に合わせて調整

（＊３）　使用権資産の減価償却費の計算
　　　　　使用権資産の期首帳簿価額　3,984,345円
　　　　　耐用年数　5年
　　　　　残存価額　0
　　　　　減価償却費＝（3,984,345 − 0）÷ 5年＝796,869.‡＝796,869円

Glossary—用語解説

リース料（lease payments）（IFRS 第16号，Appendix A）
　借り手が貸し手にリース期間中に原資産を使用する権利に関して支払う金額で，以下のものから構成される。
　①　固定リース料（fixed payments）（リース・インセンティブを除く）
　②　インデックスまたはレートに応じて決まる変動リース料（variable lease payments）
　③　購入選択権（purchase option）の行使価格（選択権の行使が合理的に確実である場合）
　④　リースの解約のためのペナルティの支払い（リース期間が，借り手のリースを解約する選択権を反映している場合）

固定リース料（fixed payments）（IFRS 第16号，Appendix A）
　リース期間中に原資産を使用する権利に対して，借り手が貸し手に支払う金額（変動リース料を除く）をいう。

リース・インセンティブ（lease incentives）（IFRS 第16号，Appendix A）
　貸し手が借り手にリースに関連して支払う金額，または貸し手による借り手のコストの弁済もしくは引き受けをいう。

変動リース料（variable lease payments）（IFRS 第16号，Appendix A）

リース期間中に原資産を使用する権利に対して，借り手が貸し手に支払う金額のうち，開始日以後に発生する事実または状況の変化（時の経過を除く）により変動する部分をいう。

リース期間（lease term）（IFRS 第16号，par.18）

リースの解約不能期間（non-cancellable period）に，以下の両方を加えたものをいう。

① リースを延長する選択権の対象期間（借り手が当該選択権を行使することが合理的に確実である場合）

② リースを解約する選択権の対象期間（借り手が当該選択権を行使しないことが合理的に確実である場合）

短期リース（short-term lease）（IFRS 第16号，Appendix A）

開始日において，リース期間が12か月以内であるリースをいう。購入選択権がついたリースは，短期リースでない。

リースの開始日（commencement date of the lease）（IFRS 第16号，Appendix A）

貸し手が借り手による原資産の使用を可能にする日をいう。

リースの計算利子率（interest rate implicit in the lease）（IFRS 第16号，Appendix A）

貸し手が受け取るリース料と無保証残存価値（unguaranteed residual value）を合計した現在価値を，原資産の公正価値と貸し手の当初直接コスト（initial direct costs）との合計額と等しくする利子率をいう。

無保証残存価値（unguaranteed residual value）（IFRS 第16号，Appendix A）

原資産の残存価値のうち，貸し手による実現（realisation）が確実でないか，または貸し手と関連のある者のみが保証している部分をいう。

公正価値（fair value）（IFRS 第16号，Appendix A）

独立第三者間取引（an arm's length transaction）において，取引の知識がある自発的な投資者の間で，資産が交換され得る，または負債が決済される価額をいう。

借り手の追加借入利子率（lessee's incremental borrowing rate）（IFRS 第16号，Appendix A）

借り手が，同様の期間にわたり，同様の保証をつけて，同様の経済環境下で使用権資産と同等の価値の資産を獲得するために必要な資金を借り入れるために支払わなければならないであろう利子率をいう。

Chapter 10　リースの会計　137

Section 4　貸し手の会計処理

⑴　リースの分類

　貸し手は，リースをファイナンス・リースとオペレーティング・リースに分類して会計処理する（IFRS 第16号，pars.61-62）。

　ファイナンス・リースは，原資産の所有に伴うリスクと経済価値（risks and rewards）のほとんどすべてを移転する取引である。

　オペレーティング・リースは，原資産の所有に伴うリスクと経済価値のほとんどすべてを移転しない取引である。

　リースの分類の判定は，契約の形式（form of the contract）ではなく，取引の実質（substance of the transaction）によって行う。ファイナンス・リースとして分類される状況には，以下のものがある（IFRS 第16号，par.63）。

①　リース期間の終了までに借り手に原資産の所有権が移転される場合

②　借り手が，選択権が行使可能となる日の公正価値よりも十分に低いと予想される価格で当該資産の購入選択権を与えられており，契約日に当該選択権の行使が合理的に確実である場合

③　所有権が移転しなくても，リース期間が原資産の経済的耐用年数（economic life）の大部分を占める場合

④　開始日において，リース料の現在価値が，原資産の公正価値と少なくともほぼ等しくなる場合

⑤　原資産が特殊な性質（specialised nature）のものであり，その借り手のみが大きな変更なしで使用できる場合

⑵　ファイナンス・リースの認識と測定

⒤　当初認識

貸し手は，ファイナンス・リースのもとに保有する資産を，開始日において，

財政状態計算書に認識し，正味リース投資未回収額（net investment in the lease）に等しい金額で債権（receivable）として表示する（IFRS 第16号，par.67）。

正味リース投資未回収額は，リース投資未回収総額（gross investment in the lease）をリースの計算利子率で割り引いた金額で測定される。リース投資未回収総額は，ファイナンス・リースにおいて貸し手が受け取るべきリース料と貸し手に発生している無保証残存価値の合計金額である（IFRS 第16号，Appendix A）。

当初直接コストは，製造業者または販売業者である貸し手に発生したものを除いて，正味リース投資未回収額の当初測定に含められ，リース期間にわたり認識される収益の金額の減額となる。リースの計算利子率は，当初直接コストが正味リース投資未回収額に自動的に含まれる方法で計算される（IFRS 第16号，par.69）。

製造業者または販売業者である貸し手は，開始日に，以下の金額を認識する（IFRS 第16号，par.71）。

① 収益（原資産の公正価値，または貸し手に対して発生するリース料を市場金利で割り引いた現在価値の方が低ければ当該金額）
② 売上原価（原資産の取得原価（または異なっている場合には帳簿価額）から無保証残存価値の現在価値を控除した金額）
③ その他，IFRS 第15号「顧客との契約から生じる収益」が適用される売り切り販売（outright sales）等，開始日にファイナンス・リースに係る販売損益が生じる場合には当該金額

(ii) 事後測定

貸し手は，正味リース投資未回収額に対して一定の期間利益率を反映する方法で，リース期間にわたって金融収益（finance income）を認識する（IFRS 第16号，par.75）。

(3) オペレーティング・リースの認識と測定

貸し手は，オペレーティング・リースによるリース料を，定額法または他の

規則的な方法のいずれかで，収益として認識する。減価償却費を含めて，リース収益を稼得する際に生じるコストは，費用として認識する（IFRS 第16号，par.81）。

　償却可能な原資産に係る減価償却は，貸し手の所有している他の減価償却資産の減価償却方針と首尾一貫する形で行われる。減価償却費は，IAS 第16号「有形固定資産」および IAS 第38号「無形資産」に従って計算される（Chapter 9 および Chapter 11を参照）。減損の判定および識別した減損損失の処理は，IAS 第36号「資産の減損」に従う（Chapter 12を参照）。

　貸し手は，オペレーティング・リースの対象となっている資産について，貸し手が保有し使用する所有資産と区分して開示する（IFRS 第16号，par.95）。

Case Study 10-3　貸し手のファイナンス・リースの会計処理

　CASE STUDY 10-2のリース取引に関して，下記の［追加資料］に基づいて，貸し手であるリース会社 Y 社のリースの開始日（1月1日）および決算日（12月31日）における仕訳をしなさい。当該リースは，ファイナンス・リースに分類される。

［追加資料］
- リースの計算利子率は5％である。
- 無保証残存価値は297,827円である。
- 販売業者でもある Y 社にリースを行うための当初直接コストは発生しない。
- リース資産の公正価値および正味リース投資未回収額は4,000,000円である。
- リース資産の取得原価は4,000,000円である。

［解答・解説］

（単位：円）

M/D	Debit	amount	Credit	amount
1/1	正味リース投資未回収額	4,000,000	収　　　　益	4,000,000
	売上原価	3,766,645 [*1]	リース資産	3,766,645
12/31	現　　　　金	870,000	正味リース投資未回収額	870,000
	正味リース投資未回収額	200,000	受取利息	200,000 [*2]

（＊1）　無保証残存価値の割引現在価値＝297,827÷（1＋0.05）^{5}＝233,355円
　　　　取得原価－無保証残存価値の割引現在価値＝4,000,000－233,355
　　　　　＝3,766,645円
（＊2）　受取利息の計算と正味リース投資未回収額の変化

（単位：円）

年度	a 期首正味リース投資未回収額	b a×利子率 受取利息	c リース料	d a＋b－c 期末正味リース投資未回収額
×1	4,000,000	200,000	870,000	3,330,000
×2	3,330,000	166,500	870,000	2,626,500
×3	2,626,500	131,325	870,000	1,887,825
×4	1,887,825	94,391	870,000	1,112,216
×5	1,112,216	55,611	870,000	297,827

Glossary─用語解説

正味リース投資未回収額（net investment in the lease）（IFRS第16号，Appendix A）

　以下の合計額であるリース投資未回収総額（gross investment in the lease）をリースの計算利子率で割り引いた金額をいう。
　①　ファイナンス・リースにおいて貸し手が受け取るべきリース料
　②　貸し手に発生している無保証残存価値

経済的耐用年数（economic life）（IFRS第16号，Appendix A）

　以下のいずれかをいう。
　①　1名以上の利用者によって資産が経済的に利用可能であると予想される期間
　②　1名以上の利用者によって当該資産から得ると予想される生産高またはこれに類似する単位

Section 5　セール・アンド・リースバック取引の会計処理

　セール・アンド・リースバック取引とは，資産を売却した売り手が借り手となって，資産の買い手が貸し手となって，同一資産をリースバックする取引で

ある。セール・アンド・リースバック取引は、資産の売り手である借り手による資産の譲渡（transfer）が売却であるか否かを判定して、会計処理される（IFRS 第16号、pars.98-103）。

① 資産の譲渡が売却である場合

売り手である借り手による資産の譲渡が、IFRS 第15号「顧客との契約から生じる収益」の履行義務（performance obligation）充足の要件を満たしているとき、資産の譲渡は売却として処理される。

売り手である借り手は、リースバックから生じた使用権資産を、資産の帳簿価額のうち売り手である借り手が保持した使用権に係る部分で測定する。売り手である借り手は、買い手である貸し手に移転された権利に係る利得または損失の金額だけを認識する。

買い手である貸し手は、資産の購入として処理して、リースについては、他のリースと同様の貸し手の会計処理をする。売り手である借り手の資産の売却価額が、資産の公正価値と等しくない場合、またはリース料が市場のレートで行われていない場合、以下の修正を行う。

(a) 市場を下回る条件であれば、リース料の前払いとして会計処理する。

(b) 市場を上回る条件であれば、買い手である貸し手が売り手である借り手に追加的融資を行ったとして会計処理する。

② 資産の譲渡が売却でない場合

売り手である借り手による資産の譲渡が、IFRS 第15号「顧客との契約から生じる収益」の履行義務充足の要件を満たしていなければ、以下のように処理される。

(a) 売り手である借り手は、譲渡した資産を引き続き認識して、譲渡収入と同額の金融負債を認識する。

(b) 買い手である貸し手は、譲渡された資産を認識せず、譲渡収入と同額の金融資産を認識する。

Case Study 10-4　セール・アンド・リースバックにおける損益認識

　セール・アンド・リースバック取引に関する下記の[資料]に基づいて，リース開始日における売り手であり借り手であるX社および買い手であり貸し手であるY社の仕訳をしなさい。

[資料]
(1) X社は以下の建物をY社に現金で売却した。
- 帳簿価額　100,000千円
- 公正価値　180,000千円
- 売却価額　200,000千円
- 売却価額と公正価値との差額は，Y社がX社に追加的融資を行ったものとして認識される。

(2) リース契約は，以下のとおりである。
- 開始日　1月1日
- リース期間　10年間
- リース料　年24,000千円（各期末に現金払い）
- リースの計算利子率　年5％（X社はリースの計算利子率を容易に算定可能）
- X社のリース料合計の現在価値　185,322千円
　　　内訳　リースに関するもの　　　165,322千円
　　　　　　追加的融資に関するもの　20,000千円
- この取引の契約条件は，X社による建物の譲渡が，IFRS第15号「顧客との契約から生じる収益」における，履行義務充足の判定に関する要求事項を満たしたものであり，セール・アンド・リースバック取引である。
- Y社は，この建物のリースを，オペレーティング・リースに分類する。

[解答]
- 売り手であり借り手であるX社

（単位：千円）

M/D	Debit	amount	Credit	amount
1/1	現　　　　　金	200,000	建　　　　　物	100,000
	使 用 権 資 産	91,846 (*1)	金 融 負 債	185,322 (*2)
			移転した権利に係 る 利 得	6,524 (*3)

（＊1）　帳簿価額÷公正価値×使用権資産に係る割引後のリース料合計
（＊2）　リース料の割引現在価値
（＊3）　建物の売却に係る利得÷公正価値×（公正価値－使用権資産に係る割引後のリース料合計）

Chapter 10　リースの会計　143

・買い手であり貸し手であるＹ社

(単位：千円)

M/D	Debit	amount	Credit	amount
1／1	建　　　　　物	180,000	現　　　　　金	200,000
	金　融　資　産	20,000		

［解説］
・開始日に，Ｘ社は，建物のリースバックから生じる使用権資産を，建物の売却時における帳簿価額のうち，Ｘ社が保持している使用権に係る比例部分で測定する。
　使用権資産の計算：
　　　帳簿価額÷公正価値×使用権資産に係る割引後のリース料合計
　　　＝100,000÷180,000×165,322＝91,846（千円）
・Ｘ社は，Ｙ社に移転された権利に関する利得の金額だけを認識する。
　　Ｙ社に移転された権利に関する利得計算式：
　　　建物の売却に係る利得[1]÷公正価値×（公正価値－使用権資産に係る割引後のリース料合計）
　　　＝（180,000－100,000）÷180,000×（180,000－165,322）
　　＝6,524（千円）
　　　1）　建物の売却に係る利得＝公正価値－帳簿価額
　　　　　　　　　　　　　　　　＝180,000－100,000（千円）

■注
1)　借り手が，投資不動産の事後測定に，公正価値モデル（fair value model）を適用している場合，有形固定資産の事後測定に，再評価モデル（revaluation model）を適用している場合には，それらに関連する使用権資産にも同様の測定方法を用いる。

Chapter

無形資産の会計

> **Objective of this Chapter—本章の目的**
>
> 本章では,企業価値の決定因子として重要性が高まるのと同時に,企業 (entity) の開示情報の有用性の低下の原因となっている無形資産 (intangible assets) の会計処理について学習する。無形資産の会計は,歴史的にのれん (goodwill) および研究開発費 (research and development cost) の会計との関連から検討されてきたが,昨今では,科学技術の発展とともに,のれんおよび研究開発費以外の無形資産が企業価値創造に重要な役割を果たしているとして注目を集めている。国際会計基準委員会 (IASC) が設定して,その後,国際会計基準審議会 (IASB) が承認および改訂した国際会計基準 (IAS) 第38号「無形資産」の会計基準のもとで,無形資産をどのように認識および測定するかについて,公正価値測定 (fair value measurement) の視点から理解する。

Section 1　無形資産の意味

　無形資産の会計は,19世紀末より企業結合に伴って生じるのれんの会計処理,その後のれんに加えて,研究開発費の会計処理との関連から検討されてきた。しかし,1990年代以降,以下の理由から,のれんおよび研究開発費以外の無形資産の会計が注目を集めるようになった[1]。

① 企業価値の決定因子として無形資産の重要性が認知されるようになった。
② 開示情報の有用性低下の問題が深刻化した。

　IASC は,1993年に IAS 第9号「研究開発費」,およびのれんの会計に関して1998年に IAS 第22号「企業結合」を公表した。IAS 第9号は,その後,1998年に IAS 第38号「研究開発費」,2004年に IASB により IAS 第38号「無形

資産」として改訂され，2008年に再度改訂された。

　無形資産とは，物理的実体（physical substance）のない，識別可能な非貨幣性資産をいう（IAS 第38号，par.8）。具体的には，コンピューター・ソフトウェア（computer software），特許権（patents），著作権（copyrights），映画フィルム（motion picture films），顧客リスト（customer lists），モーゲージ・サービス権（mortgage servicing rights），漁業免許（fishing licences），輸入割当（import quotas），フランチャイズ（franchises），顧客または仕入先との関係（customer or supplier relationship），顧客の忠誠心（customer loyalty），市場占有率（market share），販売権（marketing rights）等がある（IAS 第38号，par.9）。

　無形資産は，これらの中で，以下の資産の定義を満たすものとなる（IAS 第38号，par.8）。

① 　過去の事象の結果として企業が支配（control）し，かつ，
② 　将来の経済的便益（economic benefits）が企業へ流入することが期待されるもの

> **Glossary—用語解説**
> **識別可能性（identifiability）**（IASB, 2004a, par.12）
> 　識別可能とは，以下のいずれかの場合である。
> ① 　分離可能である場合
> ② 　契約またはその他の法的権利から生じている場合

Section 2　無形資産の認識

　無形資産は，無形資産の定義を満たした上で，以下の場合に，原価をもって認識される（IAS 第38号，pars.18, 21, and 24）。

① 　当該資産に起因して期待される将来の経済的便益が企業に流入する可能性が高く，
② 　当該資産の原価が信頼性をもって測定できる。

無形資産の取得方法には，購入による取得のほか，企業結合（business combination）による取得，政府補助金（government grant）による取得，交換（exchange）による取得，自己創設等がある。

無形資産を購入により取得した場合，無形資産の原価は，以下のものから構成される（IAS 第38号，pars.27-29）。

① 購入価格（purchase price）（輸入関税（import duties）および還付されない取得税（non-refundable purchase taxes）を含み，値引き（discounts）および割戻し（rebates）を控除）

② 稼働状態（working condition）にすることから生じる専門家報酬等，意図した利用のために資産を準備する直接付随費用（directly attributable cost）

無形資産は，購入以外の方法で取得した場合には，基本的に公正価値により認識される。公正価値で測定できない場合には，政府補助金による取得では名目的金額（nominal amount）で，交換による取得では引き渡した資産の帳簿価額（carrying amount）で測定する（IAS 第38号，pars.33-47）。

自己創設のれん（internally generated goodwill）は，資産として認識してはならない。自己創設無形資産（internally generated intangible assets）は，他の無形資産と同様の要件に従って認識される。自己創設無形資産が，認識規準を満たすか否かの判定では，資産の創出過程を以下のように分類して処理する（IASB, 2004a, pars.48-67）。

① 研究局面（a research phase）

② 開発局面（a development phase）

研究局面から生じた無形資産は，資産として認識してはならない。研究に関する支出は，発生時に費用として認識される。

開発局面から生じた無形資産は，以下の要件をすべて満たした場合に，かつその場合にのみ，資産として認識される。

① 使用または売却に利用できるように無形資産を完成させることの技術上の実行可能性

② 無形資産を完成させて，使用または売却する意図

③ 無形資産を使用または売却する能力

④ 無形資産が将来の経済的便益を創出する蓋然性と方法

⑤ 無形資産を完成させて，使用または売却するために必要な技術，財務，およびその他の資源の利用可能性

⑥ 開発中の無形資産に要する支出を信頼性をもって測定する能力

　自己創設無形資産の原価は，資産としての認識規準を満たした以降に発生した支出の合計で測定される。過去に費用として認識した支出は戻し入れない。

Section 3　無形資産の事後測定

⑴　会計方針の選択

　無形資産の事後測定では，企業は，以下のいずれかの方法を会計方針（accounting policy）として選択する（IAS 第38号，pars.72-75）。

（i）　原価モデル（cost model）

　無形資産を，取得原価から償却累計額（accumulated amortisation）および減損損失累計額（accumulated impairment losses）を控除した価額で計上する方法。

（ii）　再評価モデル（revaluation model）

　無形資産を，再評価日の公正価値から，その後の減価償却累計額および減損損失累計額を控除した再評価額（revalued amount）で計上する方法。

　再評価は，帳簿価額（carrying amount）が，報告期間（reporting period）の末日現在の公正価値と大きく異ならないように規則的に行われなければならない。

　再評価モデルを用いて会計処理する場合には，同じ種類の他のすべての資産も，同じ方式で会計処理する。ただし，それらの資産に活発な市場がない場合

には，原価モデルが用いられる。

(2) 再評価モデル選択後の会計処理

再評価モデルを選択した場合，帳簿価額と再評価額との差額は，以下のように会計処理される（IAS 第38号，pars.85-86）。

(i) 無形資産の再評価額が帳簿価額よりも増加する場合

増加額はその他の包括利益（other comprehensive income, OCI ）に認識し，再評価剰余金（revaluation surplus）の科目名で持分（equity）に累積する。ただし，過去に純損益（profit or loss）に認識した同一資産の再評価減少額（revaluation decrease）がある場合には，再評価減少額の範囲内で当該増加額を純損益に戻し入れる。

(ii) 無形資産の再評価額が帳簿価額よりも減少する場合

減少額は純損益に認識する。ただし，過去に OCI に認識した同一資産の再評価剰余金がある場合には，再評価剰余金の貸方残高の範囲で，当該減少額を OCI に認識する。

Case Study 11-1　再評価後における償却累計額の修正再表示

X 社は，下記の［資料］のように無形資産を帳簿価額から公正価値に再評価した。比例修正再表示アプローチと相殺消去アプローチによる再評価方法の違いについて説明しなさい。

［資料］

（単位：千円）

	再評価前	再評価額
帳簿価額の総額	300	
償却累計額	−180	
正味帳簿価額	120	150

[解答]

(単位：千円)

	再評価前	再評価後	
		比例修正再表示アプローチ	相殺消去アプローチ
帳簿価額の総額	300	375	150
償却累計額	−180	−225	
正味帳簿価額	120	150	150
再評価前から再評価後への変化割合		1.25	

[解説]

　比例修正再表示アプローチでは，帳簿価額の総額と償却累計額がそれぞれ再評価前の割合を保つように上方修正される。

　相殺消去アプローチでは，償却累計額が相殺消去される。

Section 4　無形資産の減価の処理

⑴　償　却

　無形資産は，耐用年数（useful life）が確定できるか否かを判定し，耐用年数を確定できる（finite useful life）無形資産は償却する。耐用年数を確定できない（indefinite useful life）無形資産は償却しない。

　無形資産が正味キャッシュ・インフローを創造すると期待される期間に予見可能な限度がない（no foreseeable limits）場合には，耐用年数は確定できないと考えられる（IAS 第38号，pars.88-89）。

　耐用年数を確定できる無形資産の償却可能額（depreciable amount）は，当該資産の耐用年数にわたり規則的に配分しなければならない。償却方法（amortisation method）は，当該資産の将来の経済的便益を企業が消費すると見込まれるパターンを反映しなければならない。そのパターンを信頼性をもって決定できない場合には，定額法（straight-line method）を採用しなければな

らない（IAS 第38号，par.97）。

耐用年数を確定できる無形資産の残存価額（residual value）は，以下のいずれかの場合を除き，ゼロと推定する（IAS 第38号，par.100）。

① 第三者が，耐用年数の終了時に当該資産を購入する約定がある場合
② 当該資産に関する活発な市場があり，かつ当該市場において残存価額を算定することができ，耐用年数の終了時点で当該市場が存在している可能性が高い場合

無形資産の償却期間および償却方法は，少なくとも各事業年度末に再検討されなければならない（IAS 第38号，par.104）。

耐用年数を確定できない無形資産は，償却してはならない。償却していない無形資産には，減損テスト（impairment test）が要求される。また，当該無形資産は，各期間に耐用年数が確定できないことを再検討し，確定できるようになった場合には，IAS 第8号「会計方針，会計上の見積もりの変更および誤謬」に従って，会計上の見積もりの変更（change in an accounting estimate）として会計処理する（IAS 第38号，pars.107-109）。

Glossary—用語解説

償却（amortisation）（IAS 第38号，par.8）
　無形資産の償却可能額（depreciable amount）をその耐用年数（useful life）にわたって規則的に配分（systematic allocation）することをいう。
償却可能額（depreciable amount）（IAS 第38号，par.8）
　資産の取得原価またはそれに代わる金額から，残存価額を控除した金額をいう。
耐用年数（useful life）（IAS 第38号，par.8）
　以下のいずれかをいう。
　① 資産が企業によって利用可能であると予想される期間
　② 企業が当該資産から得られると予想される生産高またはこれに類似する単位数
残存価額（residual value）（IAS 第38号，par.8）
　資産の耐用年数が到来かつ終了した時点で，企業が当該資産を処分（disposal）することにより現時点で得るであろう見積金額（estimated amount）（処分コストの見積額控除後）をいう。

152

(2) 減　損

　無形資産に減損の兆候（indication）がみられる場合には，IAS第36号「資産の減損」に従って，減損損失（impairment loss）の認識および測定が行われる（IAS第38号，par.111）（Chapter 12を参照）。

Case Study 11-2　顧客リストの償却[2]

［設問］

　X社は，顧客リストを取得した。X社は，顧客リストの情報から，最大3年間にわたって便益を得ると予測している。X社の経営者は，当該顧客リストを継続的に更新することで，長期的な利用を考えているが，現状の顧客リストでは2年間にわたって便益を得ると予測している。顧客リストの耐用年数はどのように見積もられるか答えなさい。

［解答・解説］

　X社の経営者による最良の見積もり（best estimate）期間が耐用年数となる。したがって，経営者が2年間にわたって便益を得ると見積もっている場合には，2年間が耐用年数となる。

Case Study 11-3　特許権の償却[3]

　下記の［資料］に基づいて，特許権の償却に関して，耐用年数および残存価額を計算して，各年について仕訳しなさい。割引率は2％とする。会計期間は1年，決算日は12月31日とする。

［資料］

　X社は，×1年1月1日に，20年を存続期間としている特許権で保護されている製品Pを10,000,000円（公正価値）で取得した。したがって，製品Pは，最低でも20年間にわたり正味キャッシュ・インフローを生じさせると予測されている。

　一方，X社は，製品Pを5年後に取得原価の80％で第三者へ売却する確約を得ており，売却する意向である。

Chapter 11　無形資産の会計　153

[解答・解説]
　製品Ｐは5年後に取得原価の80％で第三者へ売却される確約が得られており，Ｘ社も売却する意向であることから，製品Ｐは，耐用年数5年，残存価額を売却予定価格である取得時の公正価値の80％の現在価値として，償却される。

■基礎資料
- 取得時公正価値　10,000,000円
- 売却予定時期　×5年12月31日　5年後
- 売却予定額　公正価値の80％　8,000,000円
- 割引率　2％

■割引率の計算

年数	割引率
1	1.02
2	1.0404
3	1.0612
4	1.0824
5	1.1041

■残存価額
　売却予定価額の現在価値　8,000,000÷1.1041＝7,245,846円

■耐用年数　売却予定時期　5年

■各年の償却額
　（取得価額－残存価額）÷耐用年数＝（10,000,000－7,245,846）÷5年＝550,831円

■売却価額と残存価額との差額
　8,000,000－7,245,846＝754,154円

■残存価額の変化

時期	年	月日	割引率	残存価額の現在価値	増加額
売却時	×1年	1／1	1.1041	7,245,846	－
1年後	×1年	12/31	1.0824	7,390,763	144,917
2年後	×2年	12/31	1.0612	7,538,579	147,815
3年後	×3年	12/31	1.0404	7,689,350	150,772
4年後	×4年	12/31	1.02	7,843,137	153,787
5年後	×5年	12/31	1	8,000,000	156,863
計					754,154

■仕訳

Year	M/D	Debit	amount	Credit	amount	（特許権の減価（純額））
×1年	12/31	償却費	550,831	特許権	550,831	405,914
		特許権	144,917	固定資産評価差額	144,917	
×2年	12/31	償却費	550,831	特許権	550,831	403,015
		特許権	147,815	固定資産評価差額	147,815	
×3年	12/31	償却費	550,831	特許権	550,831	400,059
		特許権	150,772	固定資産評価差額	150,772	
×4年	12/31	償却費	550,831	特許権	550,831	397,044
		特許権	153,787	固定資産評価差額	153,787	
×5年	12/31	償却費	550,831	特許権	550,831	393,968
		特許権	156,863	固定資産評価差額	156,863	
		現金預金	8,000,000	特許権	8,000,000	8,000,000

Section 5　無形資産の認識の中止

無形資産は，以下の時点で認識の中止（derecognition）を行う。

① 処分（disposal）時

② その使用または処分から将来の経済的便益が期待されなくなったとき

無形資産の認識の中止により生じる利得または損失（gain or loss）は，認識を中止したときに，純損益に認識される（IAS第38号，pars.112-113）。

■注
1） 伊藤，2006, p.6。
2） IASB, 2004a, IE Example 1 を参考に，筆者作成。
3） IASB, 2004a, IE Example 2 を参考に，筆者作成。

Chapter **12**

減損の会計

> **Objective of this Chapter—本章の目的**
>
> 本章では，企業（entity）が，経済的便益（economic benefits）を創出する権利（rights）またはその他の価値の源泉となる経済的資源（economic resources）である資産の評価に関して，事後測定（subsequent measurement）における減損（impairment）処理について学習する。国際会計基準委員会（IASC）が設定して，その後，国際会計基準審議会（IASB）が承認および改訂した国際会計基準（IAS）第36号「資産の減損」の会計基準における資産の事後測定の意義と方法について，公正価値測定（fair value measurement）の視点から理解する。

Section 1　減損会計基準の制度化

減損とは，資産の帳簿価額（carrying amount）が回収可能価額（recoverable amount）を超過している場合をいう（IAS 第36号，par.8）。減損処理は，1980年代から，アメリカにおいて，リストラクチャリング（restructuring）に伴う費用の一部として，巨額の固定資産評価損を計上することで，将来の利益および株価の上昇が生じると株主や市場が評価するという期待から，注目を集めるようになった。しかし，減損会計基準が整備されていないことから，以下のような問題が指摘された。

① 企業が固定資産の評価減を恣意的に行っているのではないかとの懸念[1]

② 減損が生じた資産の測定が，正味実現可能価額，割引前キャッシュ・フロー総額，正味現在価値，現在の取替原価などにより行われるという不統一な状況[2]

IASC は，1996年より資産の減損に関する会計基準の設定に取り組み，1998年に IAS 第36号「資産の減損」を公表した。IASB は，2004年に IAS 第36号を改訂して，現在に至っている[3]。

減損会計基準は，企業が経済的便益を創出するために利用する資産に関して，適正な資産価値へと修正することで，情報利用者の意思決定に有用な情報提供を行うといった意義を有している。

Glossary—用語解説

回収可能価額（recoverable amount）（IAS 第36号，par.6）
　資産または資金生成単位（cash-generating unit）の除去費用控除後の公正価値（fair value less costs of disposal）と使用価値（value in use）のいずれか高い金額をいう。
使用価値（value in use）（IAS 第36号，par.6）
　資産または資金生成単位から生じると見積もられる将来キャッシュ・フロー（future cash flows）の現在価値（present value）である。
資金生成単位（cash-generating unit）（IAS 第36号，par.6）
　個別の資産の回収可能価額の算定が困難な場合に，他の資産または資産グループからのキャッシュ・インフローとは，おおむね独立したキャッシュ・インフローを生成させるものとして識別される資産グループの最小単位をいう。

Section 2　減損の会計処理

⑴　減損処理のフロー・チャート

　減損が生じている場合には，企業は資産または資金生成単位に関して，減損損失（impairment loss）を認識しなければならない。減損の会計処理は，図表12-1に従って行われる。

Glossary—用語解説

減損損失（impairment loss）（IAS 第36号，par.8）
　資産または資金生成単位の帳簿価額が回収可能価額を超過する金額をいう。

図表12-1 減損処理のフロー・チャート

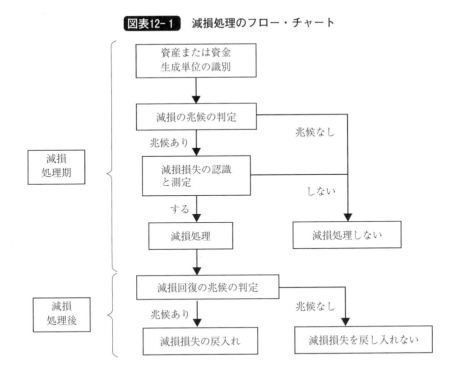

(2) 減損の兆候の評価

　企業は，各報告期間の末日に，資産が減損している可能性を示す兆候（indication）があるか否かを評価しなければならない（IAS 第36号，par.9）。企業が減損の兆候を評価するためには，外部および内部の要因等から，少なくとも図表12-2のような兆候を考慮しなければならない（IAS 第36号，par.12）。

　IAS 第36号は，減損の兆候を示す証拠には，これら以外にも存在するとして，当初予算との関わりから，正味キャッシュ・フローまたは営業損益の著しい悪化の場合についても説明している（IAS 第36号，par.14）。

図表12-2　減損の兆候を評価する要因
外部の要因（external sources of information）
① 当期に，時間の経過または正常な使用から生じると予想される以上に，資産の市場価値（assets value）が著しく低下している。
② 企業が営業活動を行う技術的，市場的，経済的または法的環境において，あるいは資産が利用されている市場において，企業に悪影響を及ぼす著しい変化が，当期に生じているか，あるいは近い将来に生じる予定である。
③ 市場利子率（market interest rates）または投資収益率（return on investments）が当期に上昇しており，かつそれらの上昇が資産の使用価値（value in use）の計算に用いられる割引率（discount rate）に影響を及ぼし，資産の回収可能価額（recoverable amount）を大きく減少させる見込みである。
④ 企業の純資産の帳簿価額（carrying amount）が，企業の市場価値（market capitalisation）よりも大きい。
内部の要因（internal sources of information）
① 資産の陳腐化（obsolescence）または物理的損害（physical damage）の証拠が入手できる。
② 資産が用いられている，あるいは用いられると予想される範囲または方法において，企業に悪影響を及ぼす著しい変化が，当期に生じているか，あるいは近い将来に生じる予定である。
③ 資産の経済的成果（economic performance）が，予想よりも悪化しているか，予想よりも悪化するような証拠が，内部報告から入手できる。
子会社（subsidiary），共同支配企業（joint venture）または **関連会社（associate）からの配当（dividend）**
子会社，共同支配企業または関連会社に対する投資について，企業がその投資から配当を認識していて，かつ次のような証拠が入手できる。
① 個別財務諸表における当該投資の帳簿価額が，連結財務諸表における被投資企業の純資産の帳簿価額を超過している。
② 配当が，その配当が宣言された期間におけるその子会社，共同支配企業または関連会社の包括利益（comprehensive income）の合計額を超過している。

(3)　回収可能価額の測定

　減損の兆候が存在する場合には，企業は当該資産の回収可能価額を見積もる（IAS 第36号，par.9）。個別資産についての回収可能価額の見積もりが不可能な場合には，企業は当該資産が属する資金生成単位の回収可能価額を算定しなければならない（IAS 第36号，par.66）。回収可能価額とは，資産または資金生成単位の除去費用控除後の公正価値（fair value less costs of disposal）と使用価値のいずれか高い金額をいう。

使用価値の算定では，以下の要素が反映されなければならない（IAS 第36号，par.30）。

① 企業が資産から得られると期待する将来キャッシュ・フローの見積もり（estimate of the future cash flows）
② 将来キャッシュ・フローの金額または時期について，起こりうる変動についての期待
③ 現在の市場におけるリスクフリー・レート（risk-free rate of interest）で表される貨幣の時間価値（the time value of money）
④ 資産固有の不確実性（uncertainty）の負担に関する価格
⑤ 非流動性のように，企業が資産から得られることを期待する将来キャッシュ・フローの価格付けに際して，市場参加者が反映させているその他の要因

使用価値の測定は，以下の基礎に基づいて行われなければならない（IAS 第36号，par.33）。

① 資産の残存耐用年数（remaining useful life）にわたり存在するであろう一連の経済的状況（economic conditions）に関する経営者の最善の見積もり（management's best estimate）を反映した合理的かつ支持し得る前提に基づいたキャッシュ・フローの予測（cash flow projections）を基礎とする。外部の証拠にいっそうの重点を置かなければならない。
② 経営者が承認した直近の財務予算と財務予想に基づいたキャッシュ・フローの予測を基礎とする。予算と予想を基礎としたキャッシュ・フローの予測は，いっそう長い期間を正当化できない限り，最長でも5年間でなければならない。
③ 直近の予算と予想期間を超えてキャッシュ・フローの予測を見積もる。これは，逓増率（icreasing rate）を正当化できる場合を除いて，後続の年度に対して一定または逓減する成長率（growth rate）を使用した予算と予想に基づいてキャッシュ・フローを予測することによる。この成長率は，いっそう高い成長率を正当化できない限り，当該製品，産業または企業が活動している複数国における，または当該資産が使用されている市場における長期平均成長率を超えてはならない。

使用価値は，見積もられた将来キャッシュ・フローをもとにして計算される。その際，見積もり将来キャッシュ・フローを割り引く割引率は，貨幣の時間価値および調整していない当該資産の固有のリスクについての現在の市場評価を反映した，税引き前の利率でなければならない（IAS 第36号，par.55）。

(4)　減損損失の認識と測定

減損損失の認識および測定では，最初に，のれん（goodwill）以外の個別資産の回収可能価額が算定される。もし，個別資産の回収可能価額が算定できない場合，当該資産が属する資金生成単位の回収可能価額が算定される（IAS 第36号，par.66）。

企業結合により取得したのれんは，減損の目的上，取得企業の資金生成単位または資金生成単位グループに配分される（IAS 第36号，par.80）。のれんが配分されている資金生成単位については毎年，さらに減損の兆候がある場合にはいつでも，のれんを含む資金生成単位の帳簿価額と回収可能価額の比較により減損テスト（impairment test）を行わなければならない（IAS 第36号，par.90）。

減損損失は，個別資産または当該資産が属する資金生成単位の回収可能価額を算定した上で，回収可能価額が帳簿価額より低い場合に認識される。減損損失の金額は，当該資産または資金生成単位の帳簿価額が回収可能価額を上回っている金額として測定される（IAS 第36号，par.59）。資金生成単位にのれんが配分されている場合には，最初にのれんの帳簿価額を減額して，その後，資金生成単位内の各資産の帳簿価額に基づいた比例按分によって，各資産に配分される（IAS 第36号，par.104）。

減損損失は，当該資産が IAS 第16号「有形固定資産」に従って再評価モデル（revaluation model）で処理されている場合を除いて，当期損益に認識する。再評価された資産の減損損失は，再評価額の減額として処理する（IAS 第36号，par.60）。減損損失を認識した後，当該資産の減価償却費は，改訂後の帳簿価額から残存価額を控除した金額を残存耐用年数にわたって規則的に配分することにより行われる（IAS 第36号，par.63）。

Chapter 12 減損の会計　161

Case Study 12-1　のれんを含めた資金生成単位の減損損失

　下記の［資料］に基づいて，（　　）を埋めて，減損損失を計算しなさい。

［資料］

（単位：千円）

	のれん	減損の兆候の ある機械	合計
取得原価	500	1,500	2,000
減価償却累計額		− 150	− 150
帳簿価額	500	1,350	1,850
回収可能価額			1,000
減損損失	（　a　）	（　b　）	（　c　）

［解答・解説］

(a)　500　　(b)　350　　(c)　850

（単位：千円）

	のれん	減損の兆候の ある機械	合計
取得原価	500	1,500	2,000
減価償却累計額		− 150	− 150
帳簿価額	500	1,350	1,850
回収可能価額			1,000
減損損失	500	350	850
帳簿価額	500	1,350	1,850
減損損失（認識額）	− 500	− 350	− 850
減損損失後帳簿価額	0	1,000	1,000

⑸　減損損失の戻入れ

　企業は，各報告期間の末日において，過年度中に認識した減損損失がもはや存在しないか，または減少している可能性を示す兆候があるかを評価しなければならない。そのような兆候がある場合，当該資産の回収可能価額の見積もり

が行われる（IAS 第36号，par.110）。当該資産の回収可能価額の見積もりに変更があった場合には，当該資産の帳簿価額を回収可能価額まで増加させるよう減損損失の戻入れ（reversal）が行われる（IAS 第36号，par.114）。

　減損損失の戻入れでは，個別資産の帳簿価額は，過年度に認識された減損損失がなかったとした場合の，減価償却控除後の帳簿価額を超えてはならない（IAS 第36号，par.117）。資金生成単位についての減損損失の戻入れは，のれん以外の資産の帳簿価額に比例的に配分されなければならない（IAS 第36号，par.122）。ただし，のれんについて認識された減損損失は，以後の期間において戻し入れてはならない（IAS 第36号，par.124）。

図表12-3　減損会計基準の比較

	IAS	JPN GAAP	US GAAP
減損損失の認識	帳簿価額＞回収可能価額	帳簿価額＞割引前将来キャッシュ・フロー総額	帳簿価額＞割引前将来キャッシュ・フロー総額
減損損失の測定	回収可能価額（処分費用控除後の公正価値 or 使用価値の高いほう）－帳簿価額	回収可能価額（正味実現可能価額 or 使用価値の高いほう）－帳簿価額	処分費用控除後の公正価値－帳簿価額
減損損失の戻入れ	回収可能価額の見積もりに変更があった場合は戻し入れなければならない（帳簿価額まで）	認めない	認めない

■注

1) 企業財務制度研究会，1998，p.51。
2) 辻山，2004，p.346。
3) アメリカおよび日本の減損の会計基準については，以下を参照。https://www.agu.ac.jp/~ichiro/（Topic 12-1）および（Comparison 12-1～12-3）.

Chapter **13**

退職後給付の会計

Objective of this Chapter—本章の目的

　本章では，企業（entity）にサービスを提供することで，企業活動に貢献している従業員（employees）への給付に関して，企業が従業員との雇用関係を終了した後に支払う年金（pensions），退職一時金（lump sum payments on retirement）等の退職後給付（post-employment benefits）の会計処理について学習する。国際会計基準委員会（IASC）が設定して，その後，国際会計基準審議会（IASB）が承認および改訂した国際会計基準（IAS）第19号「従業員給付」における退職後給付の会計について，従業員が提供したサービスとの関連から，退職後給付の負債の認識および測定をどのように行うかについて，公正価値測定（fair value measurement）の視点から理解する。

Section 1　退職後給付の意味

　従業員給付（employee benefits）には，以下の4種類がある（IAS 第19号，par.8）。

① 　短期従業員給付（short-term employee benefits）

② 　退職後給付（post-employment benefits）

③ 　解雇給付（termination benefits）

④ 　その他の長期従業員給付（other long-term employee benefits）

　これらの中で，退職後給付とは，雇用関係の終了後に支払われる従業員給付であり，解雇給付および短期従業員給付を除いたものをいう（IAS 第19号，par.8）。退職後給付の具体例には，年金，退職一時金，退職後生命保険（post-

Glossary—用語解説

短期従業員給付（short-term employee benefits）（IAS 第19号, par.8）
　賃金（wages）・給与（salaries），年次有給休暇（paid annual leave），利益分配（profit-sharing），賞与（bonuses）など，従業員が関連する勤務を提供した年次報告期間の末日後12カ月以内にすべてが決済されると予想される従業員給付をいう。

解雇給付（termination benefits）（IAS 第19号, par.8）
　通常の退職日前に従業員の雇用を終了するという企業の決定，または雇用の終了と交換に給付を受け入れるという従業員の決定の，いずれかの結果として支払うべき従業員給付をいう。

その他の長期従業員給付（other long-term employee benefits）（IAS 第19号, par.8）
　年次報告期間の末日後12カ月以降に支払う利益分配，賞与，長期有給休暇，長期勤続給付など，短期従業員給付，退職後給付および解雇給付以外のすべての従業員給付をいう。

employment life insurance），退職後医療給付（post-employment medical care）等がある（IAS 第19号, par.26）。

　1800年代後半より，アメリカにおいて，労働組合（labor union）の発展による労務管理の手段として，および課税政策への対応による租税回避（tax evasion）の手段として，年金制度（pension plan）が発展を遂げた。その後，インフレーション（inflation）の進行により，実質の給付額が減少したり，企業の倒産（bankruptcy）が生じること等により，年金受給の問題が生じた。そこで，1974年に，従業員退職所得保障法（The Employee Retirement Income Security Act of 1974, ERISA）（略称，エリサ法）が制定され，年金受給権の保護が図られた[1]。エリサ法の制定以降，企業における年金負債（pension liability）の負債性が明確になり，退職後給付（retirement benefit）の会計基準は発展を遂げてきた[2]。

　ここから，退職後給付の会計基準は，企業活動による経済的便益の創出に貢献する従業員給付に関して，将来支払われる退職後給付を負債として認識および測定することで，情報利用者の意思決定に有用な情報提供を行うといった意義を有している。

　IASC は，1983年に IAS 第19号「事業主の財務諸表における退職後給付の会

計」を設定した。IAS 第19号は，1998年に「退職後給付費用」，1999年に「退職後給付」として改訂された。その後，IASB は，2011年に，IAS 第19号を「従業員給付」として改訂している。

Section 2　退職後給付制度の分類

　退職後給付制度（post-employment benefit plans）とは，企業が従業員に対して，退職後給付を支給する正式または非公式の取決め（arrangements）をいう（IAS 第19号，par.8）。退職後給付制度は，その主要な規約や条件から導かれる制度の経済的実質（economic substance）に従って，以下の2つに分類される（IAS 第19号，pars.8 & 27）。

(1)　確定拠出制度（defined contribution plans）

　確定拠出制度とは，企業が一定の掛け金（fixed contributions）を別個の基金（企業）に支払い，もし基金が従業員の当期および過去の期間の勤務に関連するすべての従業員給付を支払うために十分な資産を保有していない場合に，企業はさらに掛け金を支払うべき法的債務（legal obligation）または推定的債務（constructive obligation）を有しない退職後給付制度をいう。

(2)　確定給付制度（defined benefit plans）

　確定給付制度とは，確定拠出制度以外の退職後給付制度をいう。確定給付制度には，退職後給付に必要な金額を，企業内部に積み立てる場合，積み立てない場合，あるいは別個の基金（企業）に拠出して一部または全部を積み立てる場合など，さまざまな形態が考えられる。

Section 3　確定拠出制度における認識および測定

　確定拠出制度の会計処理では，報告企業（reporting entity）の各期の債務は，当該期間に拠出すべき金額（支払うべき掛け金）（contribution payable）により決定される。従業員がある期間に企業に勤務した場合，企業は，当該勤務と

交換に確定拠出制度に拠出すべき金額を，以下のように認識する（IAS第19号，pars.50-51）。

① 　(a)支払った掛け金が，支払うべき掛け金よりも少ない場合，すでに支払った
　掛け金を控除したのちの金額を，負債（未払費用（accrued expense））として
　認識する。

　　(b)支払った掛け金が，支払うべき掛け金よりも多い場合，将来支払いの減少
　または返還となる範囲で，当該超過額を資産（前払費用（prepaid expense））と
　して認識する。

② 　支払った掛け金は，費用として認識する。ただし，棚卸資産の会計基準（IAS
　第2号）あるいは有形固定資産の会計基準（IAS第16号）のように，他のIFRS
　が資産の原価に掛け金を含めることを要求または許容している場合を除く。

図表13-1 確定拠出制度の会計処理

	Case	Account
①(a)	支払った掛け金＜拠出すべき金額	不足分を負債（未払費用）処理
①(b)	支払った掛け金＞拠出すべき金額	超過分を資産（前払費用）処理
②	支払った掛け金	費用処理

Section 4　確定給付制度における認識および測定

確定給付制度の会計処理では，数理計算上の仮定（actuarial assumptions）を用いて，債務および費用は以下のように認識される（IAS第19号，pars.56-57）。

① 　以下により積立不足（deficit）または積立超過（surplus）を算定する。

　(a) 　数理計算上の技法（actuarial technique）である予測単位積増方式（projected unit credit method）を用いて，当期および過去の期間の勤務の対価として，従業員が稼得した給付について，企業の信頼性のある最終的なコストの見積

額を算定する。

　見積額の算定には，当期および過去の勤務期間に帰属させる給付の決定，離職率（employee turnover），死亡率（mortality）等の給付費用に影響を及ぼす人口統計変数（demographic variables），将来の給与（salaries），医療費（medical costs）等の増加等の財務変数（financial variables）に関する数理計算上の仮定が必要である。

(b)　確定給付債務の現在価値および当期勤務費用（current service cost）を算定するために給付を割り引く。

(c)　確定給付債務の現在価値から，制度資産（plan assets）の公正価値を控除する。

② 正味確定給付資産を資産上限額（asset ceiling）に制限して，積立不足または積立超過の金額として，正味確定給付負債を算定する。

③ 純損益（profit or loss）に認識すべき金額を算定する。

(a)　当期勤務費用

(b)　過去勤務費用（past service cost）および清算損益（gain or loss on settlement）

(c)　正味確定給付負債の正味利息額（net interest）

④ その他の包括利益（other comprehensive income, OCI）に認識すべき，正味確定給付負債の再測定額（remeasurements）を算定する。

(a)　数理計算上の差異（actuarial gain and losses）

(b)　制度資産に係る収益（return on plan assets）

(c)　資産上限額の影響の変化額（any changes in the effect of the asset ceiling）

企業は，正味確定給付負債を，財務諸表で認識する金額が報告期間の末日で算定した場合の金額と著しく異ならないように，定期的に算定しなければならない。確定給付債務の算定は，確定給付制度に基づく法的債務だけでなく，非公式の慣行により生じる推定的債務も含まれる。

推定的債務とは，企業の非公式の慣行の変更が，従業員との関係に受け入れがたい悪影響を生じさせることとなる場合である（IAS 第19号，pars.58 & 61）。推定的債務の例として，企業がインフレーションにあわせて給付額を増

額してきたが，そのような増額を中止するような場合がある。

Case Study 13-1　正味確定給付負債と退職給付費用

下記の［資料］に基づいて，×2年度末の正味確定給付負債と×2年度に認識する退職給付費用を計算しなさい。

［資料］
- ×1年度末確定給付債務：5,000千円
- ×1年度末制度資産：1,000千円
- 当期勤務費用：200千円
- 優良社債の市場利回り：3％

［解答・解説］
正味確定給付負債　　4,320千円
退職給付費用　　　　320千円

（単位：千円）

増加制度資産 {
期待運用収益 =1,000×3％=30

当期勤務費用 = 200

退職給付費用＝正味確定給付負債増加分＝320

利息費用＝5,000 ×3％=150

} 増加確定給付債務

×2年度末制度資産=1,030 {

×1年度末制度資産=1,000

期待運用収益 =1,000×3％=30

×1年度末確定給付負債=5,000

×1年度末正味退職給付負債=4,000 {

×2年度末正味確定給付負債=4,320 {

当期勤務費用 = 200

利息費用=5,000 ×3％=150

} ×2年度末確定給付債務 =5,350

Chapter 13 退職後給付の会計 **169**

給付の勤務期間への帰属は，給付算定式（the plan's benefit formula）に基づいて行われる。ただし，後期の年度における従業員の勤務が，初期の年度より著しく高い水準の給付を生じさせる場合には，給付は定額法（straight-line basis）により，制度の下での給付が最初に生じた日から，昇給を除いて，制度の下での重要な追加の給付が生じなくなる日までの期間に帰属させる（IAS 第19号, par.70）。

数理計算上の仮定で用いる割引率（discount rate）は，報告期間の末日における優良社債（high quality corporate bonds）の市場利回り（market yields）を参照して決定する。そのような債券について活発な市場が存在しない国では，国債（government bonds）の市場利回りを使用する。

過去勤務費用は，制度改訂または縮小により生じた確定給付制度債務の現在価値の変動である（IAS 第19号, pars.83, 99 & 102）。

Glossary—用語解説

給付算定式基準（the plan's benefit formula）[3]
　退職給付制度の給付算定式に従って各勤務期間に帰属させた給付に基づき見積もった額を，退職給付見込額の各期の発生額とする方法をいう。
期間定額基準[4]
　退職給付見込額について全勤務期間で除した額を各期の発生額とする方法をいう。

Case Study 13-2　給付の勤務期間への帰属

　下記の Case 1 および Case 2 について，各勤務期間に帰属させる給付の金額を示しなさい。

Case 1　X 社では，従業員が10年超20年以下の勤務の後に退職する場合には，毎年1,000千円の給付を増額支給し，20年超の勤務の後に退職する場合には，さらに毎年500千円の給付を増額支給する（合計15,000千円）（最長30年以下）。

Case 2　Y社では，従業員が10年超20年以下の勤務の後に退職する場合には，毎年400千円の給付を増額支給し，20年超の勤務の後に退職する場合には，さらに1,100千円の（著しく高い）給付を増額支給する（合計15,000千円）（最長30年以下）。

[解答・解説]

（単位：千円）

勤続年数　Case	超 1年	以下 10年	超 10年	以下 20年	超 20年	以下 30年	超 30年	給付 合計額
Case 1	各年	0	各年	1,000	各年	500	各年	0	15,000
Case 2	各年	0	各年	750	各年	750	各年	0	15,000

　Case1およびCase 2ともに，11年以上30年以下の20年間にわたり，退職給付の金額が積み立てられる。Case 1では，給付の勤務期間への帰属は，給付算定式に基づいて行われる。Case 2では，後期の年度における従業員の勤務が，初期の年度より著しく高い水準の給付を生じさせることから，給付は定額法により，制度のもとでの重要な追加の給付が生じなくなる日までの20年間にわたって，給付合計額を各期間に帰属させる。

Case Study 13-3　確定給付負債と当期勤務費用の測定

　X社では，確定給付制度を採用しているが，給付に関する外部積立てを行っていない。下記の［資料1］〜［資料3］に基づいて，年齢の異なるAおよびBの当期末における確定給付負債と当期勤務費用を計算しなさい。

[資料1]
AおよびBの条件は，以下のとおりである。

	A	B
入社年齢	22歳	22歳
現在年齢	28歳	29歳
現在の勤続年数	6年	7年
退職年齢（定年）(*1)	60歳	60歳
退職時の給与（予想）	400,000円	400,000円
退職時までの勤続年数	38年	38年

Chapter 13　退職後給付の会計　171

退職時までの（残り）勤務年数	32年	31年

（＊1）　2人は定年を迎えるまで退職しない。

[資料2]
　勤続期間と支給倍率は，以下のとおりである（抜粋）。

勤続期間（年）	1	～	5	6	7	8	9	10	～	35	～	38
支給倍率	1	～	1	2	3	4	5	6	～	32	～	32

[資料3]
　優良社債の市場利回りは2％とする。割引係数 $^{(*1)}$ は，以下のとおり計算される（抜粋）。

年数（年）	1～30	31	32	33	34	35	36	37	38
割引係数 $^{(*1)}$	1.02～1.81	1.85	1.88	1.92	1.96	2.00	2.04	2.08	2.12

（＊1）（1＋割引率）^{年数}

[解答・解説]
　確定給付負債＝退職一時金×現在の支給割合÷割引係数
　当期勤務費用＝退職一時金×前年度からの支給倍率の増加率÷割引係数

[資料1]～[資料3]より，以下のことが明らかになる。

	A	B
現在の支給倍率	2	3
退職時の支給倍率	32	32
割引係数	1.88	1.85
退職一時金（予想）	400,000円×32＝12,800,000円	400,000円×32＝12,800,000円

■確定給付負債
　A　12,800,000 × 2 /32÷1.88＝425,532円
　B　12,800,000 × 3 /32÷1.85＝648,649円
■当期勤務費用
　A　12,800,000 ×（2－1）/32÷1.88＝212,766 円
　B　12,800,000 ×（3－2）/32÷1.85＝216,216 円

Section 5 　未認識項目の会計処理

　2011年の IAS 第19号の改訂では，未認識数理計算上の差異は OCI に計上することとなり，リサイクリングが禁止された。その理由は，数理計算上の差異が従業員ごとに管理されていることから，損益への認識に関連して従業員ごとに把握することは極めて困難であり，その結果，経営者の恣意が介入する可能性が指摘されることから説明される。一方，未認識過去勤務費用は OCI に計上せず，当期損益に計上することとなっている。

■注

1 ）　Wooten, 2005.
2 ）　詳細については，以下を参照。https://www.agu.ac.jp/~ichiro/（Topic 13- 1 ）.
3 ）　企業会計基準委員会，2012，第19項。
4 ）　企業会計基準委員会，2012，第19項。

Chapter

14

引当金の会計

> **Objective of this Chapter—本章の目的**
>
> 　本章では，国際財務報告基準（IFRS）と日本の会計基準との間で根本的に相違している引当金（provision）の会計について，IFRS がそれらをどのように捉えており，どのように会計処理するかについて学習する。国際会計基準委員会（IASC）が設定して，その後，国際会計基準審議会（IASB）が承認および改訂した国際会計基準（IAS）第37号「引当金，偶発負債および偶発資産」における，引当金の意味およびそれらの会計処理について，資産負債観（assets liabilities view）の視点から理解する。

Section 1　引当金の意味

　引当金は，1910年代よりドイツを中心に，動態論のもと適正な期間損益計算を行うために検討されるようになり，その後イギリス，アメリカ等でも用いられるようになった[1]。日本においても，引当金は，将来の損失に備えるために，利益留保項目として利用されていた積立金，準備金等の勘定と区別した勘定として考えられてきた[2]。

　IFRS における引当金の定義は，以下のとおりである（IAS 第37号，par.10）。

　引当金とは，時期（timing）または金額（amount）が不確実（uncertainty）な負債をいう。引当金と，仕入債務（trade payable），発生項目（accruals）等のその他の負債との相違は，決済時に必要な将来の支出の時期と金額の不確実性にある。

　IFRS は，引当金を負債として捉えている。ここで負債とは，過去の事象の結果として，経済的資源（economic resources）を移転する報告企業の現在の

義務である（2018年概念フレームワーク）（Chapter 4 を参照）。

Section 2　引当金の認識

引当金は，以下のすべての条件を満たした場合に認識されなければならない（IAS 第37号，par.14）。

① 企業が過去の事象の結果として，現在の（法的または推定的（constructive））債務を有していること
② 当該債務を決済するために，経済的便益を有する資源の流出が必要となる可能性が高いこと
③ 当該債務の金額について，信頼性のある見積もりができること

IASB の概念フレームワークでは，負債の定義および認識規準において，蓋然性の閾値を定めない方向で検討されていることから，今後，資源が流出する可能性に関しては，認識要件から除去される可能性がある。

IAS 第37号は，将来の営業損失（operating losses）に対して，引当金を認識することを禁止している。これは，営業資産の減損の可能性を示すものであり，資産の減損テスト（impairment test）が行われる（IAS 第37号，pars.63-65）。

Glossary—用語解説

法的債務（legal obligation）（IAS 第37号，par.10）
　契約，法律の制定，または法律その他の運用から発生した債務をいう。
推定的債務（constructive obligation）（IAS 第37号，par.10）
　企業の次のような行動から発生する債務をいう。
　① 確立されている過去の実務慣行，公表されている方針または極めて明確な最近の文書によって，企業が外部者に対し，ある責務を受諾することを表明しており，
　② その結果，企業はこれらの責務を果たすであろうという妥当な期待を外部者の側に惹起させている。

Section 3 引当金の測定

引当金として認識される金額は，報告期間の末日における現在の債務を決済するために要する支出の最善の見積もり（best estimate）でなければならない（IAS 第37号，par.36）。最善の見積もりは，債務の決済または移転を行うために，企業が合理的に支払う金額である。これは，さまざまな状況を考慮して，最終的には企業の経営者の判断により決定される。

引当金として認識すべき金額は，状況に応じてさまざまな不確実性が存在する場合，すべての起こりえる結果をそれぞれ関連する確率により加重平均して見積もられた値（期待値（expected value））となる（IAS 第37号，par.39）。引当金の対象となる事象が長期にわたる場合には，貨幣の時間的価値の影響を考慮した現在価値（present value）となる（IAS 第37号，par.45）。

Case Study 14-1　引当金の最善の見積もり

下記の［資料］に基づいて，引当金として認識すべき金額を計算しなさい。

［資料］
- 機械販売会社は，顧客に対して，機械販売後6カ月以内に製造上の欠陥が明らかになった場合の修理費用を負担することを保証している。
- 販売されたすべての製品から軽微な欠陥が発見された場合，修理費用は1,000,000円発生する。
- 販売されたすべての製品から重大な欠陥が発見された場合，修理費用は4,000,000円発生する。
- 企業の過去の経験と将来の予測によると，次年度，販売機械の75％には欠陥はなく，20％に軽微な欠陥があり，5％に重大な欠陥が生じる可能性がある。

［解答］
0円×75％＋1,000,000円×20％＋4,000,000円×5％＝400,000円

Section 4 引当金の変動

　引当金は，報告期間の末日に再検討され，新たな最善の見積もりを反映するように修正されなければならない。債務を決済するために資源の流出の可能性が高くない場合には，引当金を戻し入れなければならない（IAS 第37号，par.59）。

■注
1 ）　沼田，1975, p.4。
2 ）　太田，1963, p.6。わが国において，引当金は，発生主義に基づいて，当期の収益に対応する費用を，適正な期間損益計算を行うため，また保守主義の観点から，企業に不利な影響を及ぼす可能性に備えるための健全な会計処理を行うために計上されるもので（企業会計審議会，1949「企業会計原則」第一, 六），当期の負担に属する金額を，当期の費用または損失として計上するためのものである。なお，詳細については，以下を参照。https://www.agu.ac.jp/~ichiro/（JPN Comparison 14- 1 ）.

Chapter

15

法人所得税の会計

> **Objective of this Chapter—本章の目的**
>
> 　本章では，企業（entity）の財政状態計算書（statement of financial position）に認識している資産または負債の帳簿価額（carrying amount）の将来の回収（recovery）または決済（settlement），および企業の財務諸表に認識された当期の取引その他の事象に関する，当期および将来の税務上の影響（tax consequences）に関する会計処理について学習する。国際会計基準委員会（IASC）が設定して，その後，国際会計基準審議会（IASB）が承認および改訂した国際会計基準（IAS）第12号「法人所得税」の会計基準が，資産または負債の帳簿価額の回収または決済によって，将来の税金の支払額が増減する可能性が高い場合に，どのように繰延税金負債（deferred tax liabilities）または繰延税金資産（deferred tax assets）を認識するように規定しているかについて，資産負債観（assets liabilities view）の視点から理解する。

Section 1　法人所得税等の会計処理

　当期税金（current tax）は，企業会計上の利益（accounting profit）の金額を基礎として課税所得（taxable profit）を計算して，それに税率を乗じて算定される（図表15-1を参照）。税金の会計処理には，現金主義，納税額方式（taxes payable method）および税効果会計（tax effect accounting, tax allocation accounting）がある。

　現金主義とは，実際に支払われた税金の金額を，その支払いが行われた会計期間における費用として計上する方法である。この方法は，現金主義に基づいた損益計算と一致した考え方で，発生主義に基づいた損益計算には不適切であることを理由に，用いられていない。

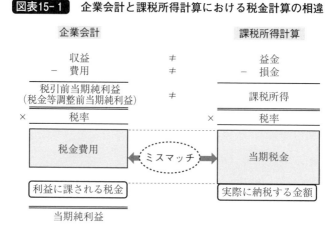

図表15-1 企業会計と課税所得計算における税金計算の相違

　納税額方式とは，課税所得計算により計算された当期税金の金額を，当該会計期間の費用として計上する方法である。この方法では，当期税金が，企業の費用項目というよりはむしろ利益処分（distribution of income）の1つとして処理されており，問題が指摘される。

　税効果会計は，利益に課される税金は，利益を稼得する上で企業により負担されるべき費用と考えられ，その税金の対象となった収益および費用と同一の事業年度に計上する考え方である[1]。企業会計と課税所得計算とでは，その目的が異なっていることから，企業会計上の税金費用の金額と課税所得計算上の当期税金の金額に相違が生じる。そこで，税効果会計では，利益に課される税金費用に関して会計処理するもので，当期税金は税金費用と法人税等調整額とに期間配分される。

Section 2　税効果会計の処理方法

　IASCは，1979年にIAS第12号「法人所得税の会計処理」を公表した。そこでは，税効果会計の処理方法として，繰延法（deferral method）または負債法（liability method）が規定されていた[2]。その後，IASCは，1996年にIAS第12号を改訂して，税効果会計の処理方法を資産負債法（asset-liability method）に変更した。現在適用されている会計基準は，2010年および2016年に一部改訂されたIAS第12号であり，税効果会計の処理方法は資産負債法である。

　繰延法および負債法は，取引が課税所得に影響を及ぼす期間と，取引が税引前当期純利益（連結財務諸表では，税金等調整前当期純利益）の決定に含められる期間とに差異（期間差異（terminal differences））がある場合に，期間差異の発生年度における損益計算を重視して，企業会計上の税引前当期純利益に対応する税金費用を費用計上する会計処理である。

　期間差異とは，取引が課税所得に影響を及ぼす期間と，取引が税引前当期純利益の決定に含められる期間との差異である。すなわち，課税所得計算における益金または損金と，企業会計上の収益または費用との間における認識時点の差異であり，将来の期間において相殺される部分である。

　繰延法は，収益費用観（revenue expenses view）に基づいた処理方法である。これは，期間差異に関する税効果を，期間差異が取り崩される将来の事業年度まで繰り延べて，債権債務を表すものとは考えない。したがって，期間差異の発生年度の税率で税効果を繰延税金負債または繰延税金資産として計算し，その後の税率の変化による修正は行わない。

　負債法も，期間差異の発生年度における損益計算を重視する点で，収益費用観に基づいた処理方法である。一方で，期間差異について予期される税効果を，翌期以降の未払税金としての負債あるいは翌期以降の前払税金としての資産として認識する方法で，繰延税金負債および繰延税金資産を債権債務として捉えている。また，それらを税率の変更，新税の賦課等により修正することが認められていて，資産負債観的な処理といえる。

　資産負債法は，資産負債観（assets liabilities view）に基づいた処理方法である。これは，企業会計上の資産または負債の金額と課税所得計算上の資産または負債の金額に相違（一時差異（temporal differences））がある場合に，一時差異に基づく税効果の負債性または資産性を重視して，当期税金の金額を適切に期間配分することで，法人所得税等を控除する前の税引前当期純利益と税金費用（tax expense）を合理的に対応させることを目的とする会計処理である（図表15-2を参照）。したがって，将来に一時差異が消滅するときの予想税

図表15-2 資産負債法における税金配分

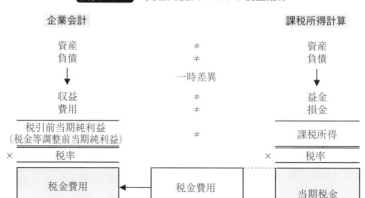

率で税効果を計算し,税率の変更時には税効果の修正が行われる。

　一時差異とは,企業会計における財政状態計算書上の資産または負債の帳簿価額と課税所得計算上の資産または負債の金額である税務基準額(tax base)との差額である(IAS第12号, par.5)。一時差異は,将来の期間において課税所得計算に算入される。

　繰延法と資産負債法との相違は,図表15-3のようにまとめられる。

図表15-3 繰延法と資産負債法の会計処理の相違

	deferral method	asset-liability method
会計観	収益費用観	資産負債観
税効果会計の目的	発生した費用としての税金とその繰延処理を重視する	将来キャッシュ・フローに関する情報提供に焦点を当てる
繰延税金資産の資産性の有無	将来の課税所得について考慮しないため,繰延税金資産の資産性に疑いが生じる	将来の課税所得が十分に発生して初めて将来の支払税金の減少という意味での資産性を有する
繰延税金の見直しの有無	ひとたび計上した繰延税金の見直しを行わない	繰延税金資産の回収可能性について見直しが行われる
将来の税率変更の影響	税率変更の影響を財務諸表に表示できない	税効果の修正を行うことで,税率変更の影響を財務諸表に表示する

Section 3　資産負債法の会計処理

　資産負債法では，資産または負債の財政状態計算書上の帳簿価額と税務基準額との差額である一時差異に関して，一時差異に基づく税効果を繰延税金負債または繰延税金資産として認識する。

　繰延税金負債とは，将来加算一時差異（taxable temporary differences）に関連して，将来の期間に課される法人所得税額である。

　将来加算一時差異とは，資産または負債の帳簿価額が，将来の期間に回収または決済されたときに，その期間の課税所得の算定上，加算される一時差異をいう。将来加算一時差異は，例えば，利益処分による租税特別措置法上の準備金等の計上，資産および負債の評価替えによる評価差益，連結会社相互間の債権と債務の消去による貸倒引当金の減額等の場合に生じる。

　繰延税金負債は，以下のいずれかから生じる場合を除いて，すべての将来加算一時差異について認識する。ただし，子会社，支店および関連会社に対する投資ならびに共同支配の取決めに対する持分に関連して生じる将来加算一時差異については，繰延税金負債を認識する（IAS 第12号，par.15）。

① 　のれんの当初認識
② 　企業結合ではなく，かつ取引時に会計上の利益にも課税所得にも影響を与えない取引から生じる資産または負債の当初認識

　繰延税金資産とは，以下の項目に関して，将来の期間に回収される法人所得税額である（IAS 第12号，par.5）。

① 　将来減算一時差異（deductible temporary differences）
② 　税務上の欠損金の繰越し（carryforward of unused tax losses）
③ 　税額控除の繰越し（carryforward of unused tax credits）

　将来減算一時差異とは，資産または負債の帳簿価額が，将来の期間に回収または決済されたときに，その期間の課税所得の算定上，減算される一時差異をいう。将来減算一時差異は，例えば，貸倒引当金等の損金算入限度超過額，減

価償却費の損金算入限度超過額，損金に算入されない棚卸資産等に関する評価損のほか，連結会社相互間の取引から生じる未実現利益を消去した場合に生じる。

　繰延税金資産は，企業結合ではなく，かつ取引時に会計上の利益にも課税所得にも影響を与えない取引から生じる資産または負債の当初認識から生じる場合を除いて，当該資産の回収可能性を考慮して，将来減算一時差異を利用できる課税所得が生じる可能性が高い範囲内で，すべての将来減算一時差異について認識する。ただし，子会社，支店および関連会社に対する投資ならびに共同支配の取り決めに対する持分に関連して生じる将来減算一時差異については，繰延税金資産を認識する（IAS第12号，par.24）。

　繰延税金資産および繰延税金負債は，報告期間の末日までに制定され，または実質的に制定されている税率および税法に基づいて，資産が実現する期または負債が決済される期に適用されると予想される税率で算定しなければならない（IAS第12号，par.47）。

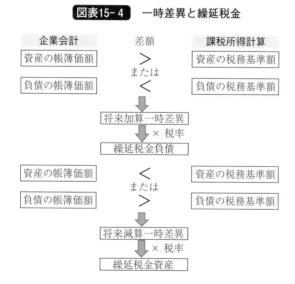

図表15-4　一時差異と繰延税金

Chapter 15 法人所得税の会計 **183**

Case Study 15-1 資産負債法による税効果の計算

下記の［資料］に基づいて，［設問］に答えなさい。

［資料］

X社は，×1年度末に，商品6,000千円について，陳腐化を原因とする評価損1,000千円を計上した。ただし，法人税法上，この商品評価損の損金算入は認められていない。当該商品は，×2年度に処分が予定されている。×1年度における税引前当期純利益は10,000千円である。課税所得計算に基づいて計算された当期税金は3,300千円である。

税効果は資産負債法で処理する。法定実効税率は30％である。決算日は12月31日とする。

［設問］
(1) 決算日における法人税等調整額について仕訳しなさい。
(2) 当期純利益を計算しなさい。

［解答・解説］
(1) 仕　訳

（単位：千円）

M/D	Debit	amount	Credit	amount
12/31	繰 延 税 金 資 産	300	法人税等調整額	300

一時差異＝（企業会計上の商品の簿価－課税所得計算上の商品の簿価）
　　　　＝5,000千円－6,000千円＝－1,000千円
法人税等調整額＝一時差異×法定実効税率
　　　　＝－1,000千円×30％＝－300千円
一時差異が － の場合➡（借方）繰延税金資産（貸方）法人税等調整額
一時差異が ＋ の場合➡（借方）法人税等調整額（貸方）繰延税金負債

(2) **当期純利益**

　　当期純利益＝税引前当期純利益－（当期税金－（貸方）法人税等調整額（＋（借方）法人税等調整額））
　　　　＝10,000千円－（3,300千円－300千円）＝7,000千円

■注
1) IASC, 1979, par.12.
2) IASC, 1979, par.42.

Chapter **16**

企業結合の会計

Objective of this Chapter—本章の目的

　本章では，昨今，多国籍企業（MNEs）が事業の多角化や企業価値創造を目的として頻繁に行っている合併と買収（Merger and Acquisitions, M&A）に関連した企業結合（business combinations）の会計に焦点を当てて，国際会計基準審議会（IASB）の国際財務報告基準（IFRS）第3号「企業結合」の内容とその特徴について学習する。IASB の企業結合の会計基準の歴史的変遷を理解した上で，現在の IFRS 第3号の会計処理およびその問題点について，会計基準の基礎的特徴の視点から理解する。

Section 1　企業結合の意味と範囲

　企業結合は，アメリカにおいて南北戦争（1861〜1865年）以降，さまざまな方式で行われてきた[1]。世界に先駆けて，企業結合の会計基準の設定に取り組んできたアメリカでは，企業結合の意味と範囲をどのように捉えるかが検討されてきた[2]。

　企業結合の意味と範囲は，時代とともに，以下の①から③へと変化してきた。

① 　企業結合は，企業（corporation or enterprises）と企業の結合であり，単一の法的実体（legal entity）を形成するもの[3]

② 　企業結合は，企業と企業の結合であるが，複数の法的実体からなる単一の経済的実体（economic entity, economic unit）の形成も包含したもの[4]

③ 　企業結合は，企業同士のみならず，企業と事業（business）の結合あるいは事業と事業の結合も包含したものであり，その結果，単一の法的実体に限定され

ない単一の経済的実体の形成も包含したもの[5]

　企業結合の定義が確立されたのは，1970年のアメリカ公認会計士協会（AICPA）の会計原則審議会（APB）意見書第16号「企業結合」による。APB意見書第16号は，企業結合を，1つの企業と1つ以上の法人または非法人の事業とが1つの会計実体（報告企業）（accounting entity）になるときに生じるもので，その単一の実体はこれまでの別個の独立した企業の活動を行うと定義した[6]。これは，上記分類での③に一致した定義である。

　その上で，APB意見書第16号は，以下の3つを企業結合の範囲として規定した[7]。

① 　1つ以上の会社が子会社になる企業結合
② 　1つの会社がその純資産を他の会社に譲渡する企業結合
③ 　各会社がその純資産を新設会社に譲渡する企業結合

Section 2　企業結合の分類と会計処理

　企業結合の会計基準が設定される以前では，企業結合は現物出資の一形態または資産の購入と考えられ，株式を対価とする合併は，取得した純資産の公正価値（fair value）評価と資本の増加により認識および測定する方法（後に，パーチェス法（purchase method）および取得法（acquisition method））により処理されていた。ところが，例外的に，留保利益を引き継ぎ，純資産を帳簿価額で引き継ぐ方法（後に，持分プーリング法（pooling of interests method））も存在していた。

　例外的な会計処理が行われていた理由は，共通の親会社を持つ子会社同士の合併のような，実質が何ら変化せず，単なる法形式の変更であるような合併の場合，営業活動は変化せず，株主持分も基本的に同じであることから，結合当事会社の利益剰余金を引き継ぎながら，新会社の資産を新たに価値評価することは疑問と考えられたからである[8]。

　ここから，企業結合は，会計処理との関わりで取得（acquisition）と持分の結合（uniting of interests）に分類されて，それぞれに異なった会計処理が規

図表16-1 企業結合の形態と会計処理

	Type	Method
①	取得	パーチェス法
②	持分の結合	持分プーリング法

定されてきた（図表16-1を参照）[9]。

　国際会計基準委員会（IASC）は，1983年に，初めて企業結合の会計基準である国際会計基準（IAS）第22号「企業結合の会計」を公表した。IAS第22号は，企業結合を，ある企業（enterprise）による他の1つ以上の企業に対する支配の獲得（the acquiring of control），または複数の企業の持分の結合（the uniting of interests）の結果をいうと定義した[10]。その上で，支配の獲得と考えられる場合にパーチェス法を適用し，持分の結合と考えられる場合に持分

Glossary―用語解説

支配（control）（IFRS第3号，Appendix A）
　議決権の過半数（voting power）を直接または子会社を通じて間接的に所有することをいう。事業活動から便益を得るために，企業の財務および営業方針（financial and operating policy）を統治するパワーをいう。

取得（acquisition）
　取得企業が他の取得された企業の純資産および営業（operations）の支配を資産の引渡し，負債の引受けもしくは株式の発行により獲得する企業結合をいう[11]。

持分の結合（uniting of interests）
　結合前企業のいずれが取得企業（acquirer）か識別できない企業結合のような，結合前企業の株主が，純資産および営業のすべての（または事実上すべてに近い）支配を結合し，結合後の企業体のリスクと便益（risks and benefits）を継続的に相互に負担（mutual sharing）する企業結合をいう[12]。

パーチェス法（purchase method）
　被結合企業から受け入れる資産および負債の取得原価を，対価として交付する現金および株式等の公正価値とする方法をいう[13]。

持分プーリング法（pooling of interests method）
　すべての結合当事企業の資産，負債および資本を，それぞれの適切な帳簿価額で引き継ぐ方法をいう[14]。

プーリング法を適用することを規定した[15]。IAS 第22号は，持分の結合と考えられるのは例外的な場合であり，ほとんどの企業結合は取得であると説明している[16]。

IASC は，1993年に IAS 第22号を改訂した。改訂 IAS 第22号は，企業結合を，1つの企業が他の企業と合体（uniting）あるいは他の企業の純資産および営業の支配を獲得（obtaining control）することにより，各企業を1つの経済的実体に統合（the bringing together）することと定義した[17]。改訂 IAS 第22号も，ほとんどの企業結合では支配が獲得されることから，取得に相当すると説明している[18]。

Case Study 16-1　パーチェス法と持分プーリング法

A社は，×1年度末に，B社にA社株式を交付して企業結合を行った。下記の［資料］に基づいて，以下の2つの企業結合に関して，×1年度末の企業結合後の財政状態計算書を作成しなさい。会計期間は1年，決算日は12月31日とする。

Case 1　B社に対して，新たにA社株式を1,000株交付し，B社を合併した。A社の株式の1株当たりの公正価値は160千円であった。なお，A社は1株当たり100千円を資本金として，残りを資本剰余金（合併差益）とする。パーチェス法を用いて処理しなさい。

Case 2　B社に対して，A社株式を1：1の割合で交付した。持分プーリング法を用いて処理しなさい。

［資料］

(1)　×1年度末のA社およびB社の財政状態計算書

財政状態計算書　　　　　　　　　　　　　　　　　　　　　　　（単位：千円）

	A 社 資産	B 社 資産		A 社 負債及び持分	B 社 負債及び持分
現 金 預 金	40,000	60,000	買　　掛　　金	115,000	55,000
売　　掛　　金	80,000	50,000	借　　入　　金	100,000	70,000
貸　　付　　金	60,000	35,000	資　　本　　金	150,000	100,000
建　　　　　物	90,000	70,000	利 益 剰 余 金	5,000	30,000
土　　　　　地	100,000	40,000			
	370,000	255,000		370,000	255,000

Chapter 16 企業結合の会計 **189**

(2) Ｂ社の企業結合日における資産および負債の公正価値（下記以外の資産および負債の公正価値は帳簿価額に一致）

- 売掛金：44,000千円
- 土地：48,000千円

[解答]

Case 1 取得（パーチェス法）

Ｂ社の公正価値評価後財政状態計算書

（単位：千円）

	資産		負債及び持分
現 金 預 金	60,000	買 掛 金	55,000
売 掛 金	44,000	借 入 金	70,000
貸 付 金	35,000	資 本 金	100,000
建 物	70,000	利 益 剰 余 金	30,000
土 地	48,000	再 評 価 剰 余 金	2,000
	257,000		257,000

合併仕訳

（単位：千円）

M/D	Debit		amount	Credit		amount
12/31	現 金 預 金		60,000	買 掛 金		55,000
	売 掛 金		44,000	借 入 金		70,000
	貸 付 金		35,000	資 本 金		100,000 [*2]
	建 物		70,000	資 本 剰 余 金		60,000 [*3]
	土 地		48,000			
	の れ ん		28,000 [*1]			

（＊１）（発行済株式1,000株×１株当たり公正価値160千円）－受入純資産（257,000千円－125,000千円）＝28,000千円

（＊２）発行済株式1,000株×１株当たり資本組入額100千円＝100,000千円

（＊３）（発行済株式1,000株×１株当たり公正価値160千円）－資本組入額100,000＝60,000千円

（合併後）財政状態計算書

（単位：千円）

	資産		負債及び持分	
現 金 預 金	100,000	買 掛 金	170,000
売 掛 金	124,000	借 入 金	170,000
貸 付 金	95,000	資 本 金	250,000
建 物	160,000	資 本 剰 余 金	60,000
土 地	148,000	利 益 剰 余 金	5,000
の れ ん	28,000		
	655,000		655,000

Case 2　持分の結合（持分プーリング法）

合併仕訳

（単位：千円）

M/D	Debit	amount	Credit	amount
12/31	現 金 預 金	60,000	買 掛 金	55,000
	売 掛 金	50,000	借 入 金	70,000
	貸 付 金	35,000	資 本 金	100,000
	建 物	70,000	利 益 剰 余 金	30,000
	土 地	40,000		

（合併後）財政状態計算書

（単位：千円）

	資産		負債及び持分	
現 金 預 金	100,000	買 掛 金	170,000
売 掛 金	130,000	借 入 金	170,000
貸 付 金	95,000	資 本 金	250,000
建 物	160,000	利 益 剰 余 金	35,000
土 地	140,000		
	625,000		625,000

　企業結合の会計基準は，企業結合を取得と持分の結合に分けて，それぞれに
パーチェス法と持分プーリング法という異なった会計処理方法を規定してきた。
しかし，パーチェス法と持分プーリング法の選択適用を規定することに対して，

以下のような問題が指摘され，持分プーリング法の適用は廃止されることになった[19]。

① 証券アナリストおよびその他の情報利用者にとって，企業間の経営成績の比較を困難にする。

② パーチェス法では，企業結合により取得したすべての無形資産が別個に，またはのれん（goodwill）として認識されるのに対して，持分プーリング法では，被取得企業がそれまでに記帳していた無形資産しか認識されない。これは，無形資産が多くの企業においていっそう重要な経済的資源（economic resources）であり，かつ企業結合により取得される資産において無形資産の占める割合がいっそう増加していることから，無形資産に関するより良い情報を提供する上で問題である。

③ 企業経営者は，企業結合における会計処理方法の相違が，合併および買収市場における競争に影響を及ぼすと指摘している。

> **Glossary—用語解説**
>
> **のれん（goodwill）**（IFRS 第3号，Appendix A）
>
> 　企業結合で取得した，個別に識別されず独立して認識されない他の資産から生じる将来の経済的便益（future economic benefits）を表す資産をいう。

Section 3　企業結合の会計処理～パーチェス法一本化～

　1996年以降，アメリカの財務会計基準審議会（FASB）は，企業結合に関する会計処理の検討を行うプロジェクトを立ち上げた。会計基準の国際的調和を意識した国際的組織であるG4＋1も，企業結合に関する会計処理の収斂に向けて検討を進め，1998年に「企業結合に関する会計処理方法～収斂を達成するためのG4＋1の勧告～」を公表した。

　そこでは，企業結合の会計処理方法として，持分プーリング法，パーチェス法およびフレッシュ・スタート法（fresh-start method）が取り上げられて，各会計処理方法についての比較，G4＋1諸国の現行会計基準の比較，いかな

る会計処理方法が使用されるべきか，およびいくつの会計処理方法が使用されるべきかが検討された[20]。その結果，G4＋1は，すべての企業結合の会計処理に，単一の方法，すなわちパーチェス法だけを使用することが，他の選択肢以上に望ましいと勧告した[21]。

G4＋1の勧告等を参考として，FASBは1999年に企業結合会計基準を改訂する公開草案（Exposure Draft）を公表し，2001年に，それまでのAPB意見書第16号を改訂する財務会計基準書（SFAS）第141号「企業結合」を公表した。

SFAS第141号は，企業結合を，企業（entity）がある事業を構成する純資産を取得するか，他の1つ以上の企業の持分を取得して当該企業の支配（control）を獲得した場合に生じると定義した[22]。これは，企業結合をあくまで取得として捉えていて，それまで企業結合の1つの形態として考えられてきた持分の結合を除外している点で特徴的である。

企業結合の定義から持分の結合を除外した主な理由は，単一の会計処理方法を規定するためである。FASBは，企業結合のすべてが取得ではなく，取得以外の企業結合があることを認めている。FASBは，取得以外の企業結合の場合に，フレッシュ・スタート法を適用することについての検討が必要であると述べている[23]。

2001年に，IASCはIASBへと改組された。それに伴って，会計基準の国際的収斂に向けて，IASBとFASBとの間で短期収斂共同プロジェクトが開始され，企業結合の会計基準も検討された。

IASBは，2004年にIAS第22号に代わるIFRS第3号「企業結合」を公表した。IFRS第3号は，企業結合を，個々の企業または事業を，1つの報告企業（reporting entity）に統合することと定義した[24]。そこでは，ほとんどすべての企業結合が，結果として，取得企業（acquirer）が，1つまたはそれ以上の被取得企業（acquiree）の支配を獲得することになると説明している[25]。これは，2001年のSFAS第141号と同様の考え方[26]であり，すべての企業結合を取得と考えるものである。その結果，IFRS第3号も，持分プーリング法の適用を廃止して，すべての企業結合をパーチェス法だけで会計処理することを規定した。

持分プーリング法の適用を廃止した理由は，以下の3点から説明される[27]。

① 真の合併（true mergers）または対等合併（mergers of equals）は，極めて稀にしか生じないこと
② 持分プーリング法では，企業結合時の公正価値（fair value）が反映されないことから，提供される情報が意思決定に有用でないこと
③ 費用対効果が良くないこと

　IASBとFASBの共同プロジェクトの結果，FASBは2007年に改訂SFAS第141号を，IASBは2008年に改訂IFRS第3号を公表した。改訂IFRS第3号「企業結合」（およびFASBの改訂SFAS第141号）は，企業結合を，取得企業が1つまたは複数の事業に対する支配を獲得する取引またはその他の事象であると定義し，時として真の合併および対等合併として考えられる取引も，この基準書で用いられる企業結合であると説明している（IFRS第3号，Appendix A）。

　改訂IFRS第3号は，企業結合にさまざまな種類があることを認識した上で，企業結合を支配を獲得するものとして定義し，すべての企業結合を取得法（これまでのパーチェス法）によって会計処理するように規定している（IFRS第3号，par.4）。

Section 4　取得法の会計処理

　IASBが規定する取得法における会計処理は，以下の手順で行われる（IFRS第3号，par.5）。

(1)　取得企業の識別
(2)　取得日の決定
(3)　識別可能な取得資産・引受負債・被取得企業の非支配持分（non-controlling interest）の認識および測定
(4)　のれんまたはバーゲン・パーチェス（割安購入）（bargain purchase）から生じる利得の認識および測定

(1) 取得企業の識別

　企業結合では，結合企業のいずれか一方が取得企業とされなければならない（IFRS 第 3 号，par.6）。取得企業は，被取得企業の支配を獲得した企業である。支配の有無は，IFRS 第10号の連結会計基準の指針（guidance）に従って判定される（IFRS 第 3 号，par.7）。

　取得企業の決定において，いずれが取得企業であるかが明らかでない場合，図表16-2 の点が考慮される（IFRS 第 3 号，Appendix B14-18）。

図表16-2　取得企業の識別の例

	Type of Business Combinations	Acquirer
①	企業結合が，主として現金・その他の資産の移転あるいは負債の引受けによる場合	通常，現金・その他の資産を移転するか，負債を引き受けた企業が取得企業となる。
②	企業結合が主として持分証券の交換による場合	通常，持分証券を発行した企業が取得企業となる。
	ただし，一般に逆取得（reverse acquisitions）と呼ばれる企業結合の場合	持分証券を発行した企業が被取得企業となる。
③	通常，資産，収益または利益といった金額が相対的に大きな企業が取得企業となる。	
④	3 社以上の企業結合の場合	結合企業の規模と同様に，いずれの企業が結合を立案したかを考慮して取得企業を決定する。

Glossary—用語解説

逆取得（reverse acquisitions）（IFRS 第 3 号，Appendix B16）
　例えば，非公開（private）企業が公開企業（public entity）となるために，公開企業に自ら（非公開企業）の持分証券を取得させるように調整する場合をいう。この場合，会計目的上の取得企業（存続企業）は非公開企業であり，被取得企業（消滅企業）は公開企業であるが，法的には取得企業が公開企業であり，被取得企業が非公開企業となる。

⑵ 取得日の決定

取得企業は，被取得企業の支配を獲得した日を取得日（acquisition date）とする。支配獲得日は，通常，取得企業が法的に対価を移転し，資産を取得し，かつ負債を引き受けた日である（IFRS 第 3 号，pars.8-9）。

⑶ 取得資産・引受負債・被取得企業の非支配持分の認識および測定

⒤ 認 識

取得企業は，のれんとは別に，取得日に識別可能な取得資産（identifiable assets），引受負債（liabilities assumed）および被取得企業の非支配持分を認識しなければならない。

識別可能な取得資産および引受負債は，以下の 2 つの条件を満たす必要がある（IFRS 第 3 号，pars.10-12）。

① 概念フレームワークにおける資産および負債の定義を満たしている。

② 資産および負債は，企業結合において取得企業と被取得企業との間で交換されたものである。

認識原則およびこれら 2 つの条件の結果，被取得企業がこれまで認識していなかった資産および負債を認識する場合も考えられる。具体的には，被取得企業が内部創出して，その関連支出を費用処理したために，財務諸表で資産として認識していなかったようなブランド（brand），特許権（patent）あるいは顧客関係等の識別可能な無形資産（identifiable intangible assets）が，企業結合の結果認識される場合も考えられる（IFRS 第 3 号，par.13）。

> **Glossary—用語解説**
> **非支配持分（non-controlling interests）**（IFRS 第 3 号，Appendix A）
> 　子会社に対する持分のうち，親会社に直接または間接に帰属しないものをいう。

ⅱ 測 定

企業結合による取得資産および引受負債は，取得日の公正価値（fair

values）によって測定されなければならない。被取得企業の非支配持分は，以下のいずれかで測定されなければならない（IFRS 第 3 号，pars.18-19）。

① 公正価値
② 被取得企業の識別可能純資産の認識金額に対する現在の所有権金融商品の比例的な持分（ownership instruments' proportionate share）（非支配持分割合）

IASB は，企業結合のすべての構成要素を公正価値で測定することを支持しているが，非支配持分を公正価値で測定することに，以下のような反対意見が寄せられた（IFRS 第 3 号，BC205-221）。

① 被取得企業の識別可能な純資産の比例的な持分で測定するよりもコストがかかる。
② 情報利用者の多くは，非支配持分の価値情報をそれほど重要ではないと考えている。

その結果，IASB は，非支配持分の測定に関して，代替的な会計処理方法を容認することとなった。

Glossary—用語解説

公正価値（fair values）（IFRS 第 3 号，Appendix A）
　測定日時点で，市場参加者間の秩序ある取引において，資産を売却するために受け取るであろう価格，または負債を移転するために支払うであろう価格をいう。

(iii) 段階取得の場合

　段階取得（step acquisition）により達成された企業結合の場合，取得企業は，以前に取得していた被取得企業の持分を，取得日（企業結合日）における公正価値により再測定し，損益を認識しなければならない。取得企業が，IFRS 第 9 号「金融商品」に従い，被取得企業の持分の価値変動をそれまでその他の包括利益（other comprehensive income, OCI）として認識している場合にも，当該持分を処分したのと同様に，損益を認識する（IFRS 第 3 号，par.41）。

Chapter 16 企業結合の会計 **197**

Case Study 16-2 段階取得の会計処理

　P社（取得企業）は，S社（被取得企業）の株式を×1年度末，×2年度末および×3年度末の3期間にわたり段階取得し，×3年度末に100％の支配を獲得した。各期末におけるS社の持分の合計金額，P社のS社株式の取得原価，取得割合および支配獲得時におけるS社株式の公正価値は，下記の［資料］のとおりである。×1年度末および×2年度末では，S社株式に時価の変動はないものとする。会計期間は1年，決算日は12月31日とする。

　×3年度末におけるS社株式取得時および企業結合時における投資と持分（資本）の相殺消去仕訳を示しなさい。

［資料］

（単位：千円）

取得日	S社株式取得日のS社の持分勘定			S社株式の取得原価	P社のS社株式取得割合	企業結合日の公正価値
	資本金	利益剰余金	合計			
	a	b	c＝a＋b	d	e	f
×1年度末	100,000	30,000	130,000	8,000	5％	10,000
×2年度末	100,000	50,000	150,000	16,000	10％	20,000
×3年度末	100,000	80,000	180,000	170,000	85％	170,000
合計	－	－	－	194,000	100％	200,000

［解答］

（単位：千円）

S社株式取得時

Year	M/D	Debit	amount	Credit	amount
×3年	12/31	S　社　株　式	170,000	現　金　預　金	170,000
		S　社　株　式	6,000	段階取得に係る差益	6,000 (*1)

企業結合時

Year	M/D	Debit	amount	Credit	amount
×3年	12/31	資　本　金（S社）	100,000 (*2)	S　社　株　式	200,000 (*3)
		利益剰余金（S社）	80,000 (*2)		
		の　　れ　　ん	20,000 (*4)		

（＊1）　S社株式の取得原価と企業結合日における公正価値の差額の合計金額
（＊2）　S社の×3年度末（支配獲得時）における持分の内訳
（＊3）　企業結合日におけるS社株式の公正価値の合計金額
（＊4）　企業結合日におけるS社株式の公正価値とS社の持分金額との差額

(iv) **取得に関連したコスト**

　企業結合に伴って生じた取得関連のコストは，すべて費用として処理される。
それらには，アドバイザー・法律家・会計士・鑑定士・その他専門家またはコ
ンサルティングの手数料，企業内の取得部門の維持費のような一般管理費，負
債および持分証券の登録および発行費等が含まれる（IFRS 第 3 号，par.53）。

　IASB は，FASB が「負債および資本に関するプロジェクト」において，持
分証券の発行費を発生時に費用として処理することを暫定的に決定している点
を重視している。企業結合に伴って生じるコストは，取得企業が受けたサービ
スに対する別個のコストであり，サービスの提供による便益は，サービスを享
受した時点で費消されるものであり，取得日時点の取得企業の資産を表すもの
ではないと考えている（IFRS 第 3 号，BC365-370）。

(4) のれんまたはバーゲン・パーチェスから生じる利得の認識および測定

　のれんとは，企業結合で取得した，個別に識別されず独立して認識されない
他の資産から生じる将来の経済的便益を表す資産である（IFRS 第 3 号，
Appendix A）（詳細については，Chapter 18 を参照）。取得企業は，次の①が
②を超過する金額として測定した，取得日時点ののれんを認識しなければなら
ない（IFRS 第 3 号，par.32）。

　① 　以下の総額
　　(a) 　移転された対価（通常，取得日における公正価値）
　　(b) 　被取得企業のすべての非支配持分の金額
　　(c) 　段階的に達成される企業結合の場合には，取得企業が以前に保有していた
　　　　被取得企業の持分の取得日における公正価値
　② 　取得した識別可能な資産および引き受けた負債（の取得日における正味の金
　　　額

　逆に，取得企業は，時として，バーゲン・パーチェスをすることがある。こ
れは，上記の②が①を上回る企業結合である。バーゲン・パーチェスの場合に
は，取得企業は，取得日において，当該差額を利得（負ののれん発生益）に認
識しなければならない（IFRS 第 3 号，par.34）。

Section 5　企業結合の新たな会計処理の検討
～フレッシュ・スタート法～

　IASC は，IAS 第22号の公表前の公開草案第22号「企業結合の会計」におい
て，企業結合の会計処理方法として，パーチェス法，持分プーリング法および
ニュー・エンティティー法（new entity method）の 3 つを検討した。

　ニュー・エンティティー法とは，すべての結合当事企業の資産および負債を
公正価値で評価し，のれんは計上されない方法である。しかし，正式な会計基
準として公表された IAS 第22号「企業結合の会計」は，パーチェス法と持分
プーリング法を採択し，ニュー・エンティティー法を採用していない。ニュー・
エンティティー法を実際に適用する上では，会計理論の整備が求められるから
である[28]。

　2003年の日本の企業結合会計基準では，会計基準設定の基本的な考え方にお
いて，フレッシュ・スタート法が検討されている。フレッシュ・スタート法と
は，すべての結合当事企業の資産および負債を企業結合時の時価に評価替えす
る方法である[29]。これは，ニュー・エンティティー法と同一の方法である。

　しかし，フレッシュ・スタート法の採用に合理性が認められるためには，新
設合併のようにすべての結合当事企業がいったん解散し，すべての株主持分が
清算された上で，新たに設立された企業へ拠出するという経済的実態が必要で
あると考えられた。その結果，諸外国での状況を見ながら慎重に検討する必要
があるとして，フレッシュ・スタート法は採用されていない[30]。

■注

1)　武田，1982, pp.49-64。
2)　詳細については，以下を参照。https://www.agu.ac.jp/~ichiro/（Topic16- 1).
3)　CAP, 1950, par.1.
4)　CAP, 1957, par.1.
5)　Wyatt, 1963, p.12, APB, 1970, par.1.
6)　APB, 1970, par.1.
7)　APB, 1970, par.5.
8)　企業財務制度研究会，1999, p.3。

9） 詳細については，以下を参照。https://www.agu.ac.jp/~ichiro/（Topic16-2 & 3）.

10） IASC, 1983c, par.3.

11） IASC, 1983c, pars.36-38.

12） IASC, 1983c, par.4. この定義は，企業結合に，結合当事企業の1つが結合後も子会社等の異なった企業として存続する場合まで含めていたが，事業の取得を含んでいなかった。

13） IASC, 1993, par.9.

14） IASC, 1993, par.11.

15） IASC, 1993, par.9.

16） IASC, 1993, par.9.

17） IASB 等の基準書では，手続の説明が行われていることから，企業会計基準委員会の定義を援用する。

18） 企業会計基準委員会，2013，第63項。

19） FASB, 2001, Summary.

20） 詳細については，以下を参照。https://www.agu.ac.jp/~ichiro/（Topic16-3）.

21） G 4 + 1, 1998, par.192.

22） FASB, 2001, par.9.

23） FASB, 2001, Summary & B20.

24） IASB, 2004d, par.4.

25） IASB, 2004d, BC39.

26） FASB, 2001, B32.

27） IASB, 2004d, BC35-43.

28） IASC, 1983c, par.9.

29） 企業会計審議会，2003，三，1。

30） 企業会計審議会，2003，三，1。

Chapter **17**

連結財務諸表の会計

Objective of this Chapter─本章の目的

　本章では，国際的に主要財務諸表として位置づけられる連結財務諸表（consolidated financial statements）に関して，国際会計基準審議会（IASB）の国際財務報告基準（IFRS）第10号「連結財務諸表」に焦点を当てて，連結会計基礎概念と連結財務諸表の作成基準について学習する。IFRS の基礎的特徴（Chapter 4 を参照）と連結会計基礎概念および作成基準との整合性から，IASB の連結財務諸表の特徴について理解する。

Section 1　連結財務諸表の制度化

　連結財務諸表とは，親会社（parent company）およびそのすべての子会社（subsidiaries）の資産，負債，持分（資本），収益，費用およびキャッシュ・フローを単一の経済的実体（single economic entity）のものとして表示する企業集団の財務諸表である（IFRS 第10号，Appendix A）。

　連結財務諸表は，アメリカにおいて，19世紀末より作成および開示されてきた[1]。アメリカでは，1890年に株式の信託（trust）による企業統治を禁ずる反トラスト法（antitrust law）が制定された。しかし，それ以前より，鉄道会社を中心に，他社の株式を所有する持株会社（holding company）の設立が認められており，反トラスト法の制定は，持株会社のさらなる発展を促すことになった。

　持株会社の発展に伴い，企業集団の中での財務上の操作を排除する目的から，連結財務諸表が作成されるようになった[2]。その後，連結財務諸表は，証券市場の発展とともに，アングロ・サクソン諸国を中心に国際的に作成されるよ

うになった[3]）。

Glossary—用語解説

反トラスト法（antitrust law）

　自由競争を阻害する独占や取引制限などを禁止することを定めたアメリカの独占禁止法（antimonopoly law）である[4]。基本三法として，カルテル・ボイコットなどの取引制限，独占の禁止を規制した1890年のシャーマン法（Sherman Act），価格差別，排他取引，不当な条件付取引，企業結合を規制した1914年のクレイトン法（Clayton Act），不公正な取引および欺瞞（ぎまん）的取引の禁止，連邦取引委員会の権限・手続等の規定を行った1914年の連邦取引委員会法（Federal Trade Commission Act）がある。

持株会社（holding company）

　他の企業の事業活動を支配する目的で，その企業の株式を保有する会社をいう。製造・販売などの事業活動を行わない純粋持株会社と，自ら事業活動も行う事業持株会社がある。

　国際会計基準委員会（IASC）は，1976年に国際会計基準（IAS）第3号「連結財務諸表」を公表して，連結財務諸表の作成について規定している（IASC, 1976）。IAS第3号は，その後，1988年にIAS第27号「連結財務諸表並びに子会社に対する投資の会計処理」に取って代わられた。2001年のIASBの設立以降，IASBは，会計基準の国際的収斂を進める過程において，アメリカの財務会計基準審議会（FASB）と連結会計基準の収斂に向けた共同プロジェクト（連結会計基準共同プロジェクト）を立ち上げて改訂作業に取り組んできた[5]。現在のIASBの連結会計基準は，2011年に公表され，2012年および2014年に改訂されたIFRS第10号「連結財務諸表」である。

Section 2　連結財務諸表の基礎概念
～報告企業と会計主体観～

　IASBの2018年概念フレームワークでは，一般目的財務報告の目的は，現在および将来の投資者，貸付者およびその他の債権者に対して，報告企業（reporting entity）への資源提供についての意思決定に役立つような，報告企業に関する財務情報を提供することにある（2018年概念フレームワーク，1.2）。

報告企業は，財務諸表の作成を要求されるか，または選択する企業である。報告企業は，必ずしも法的実体である必要はない（2018年概念フレームワーク，3.10）。

報告企業の財務諸表は，報告企業の範囲（boundary）から，連結財務諸表（consolidated financial statements），非連結財務諸表（unconsolidated financial statements）および結合財務諸表（combined financial statements）に分けて説明される（2018年概念フレームワーク，3.11-12）。この中で，連結財務諸表とは，報告企業が他の企業を支配する親会社と支配される子会社から構成されている場合の財務諸表をいう。

報告企業の範囲は，情報利用者のニーズによって決定される。情報利用者は，表現しようとするものを忠実に表現した目的適合的な情報を求めている（2018年概念フレームワーク，3.13-14）。

Glossary—用語解説

企業集団（group）
　親会社とその子会社から構成される。
親会社（parent company）
　1つまたは複数の企業を支配している企業をいう。
子会社（subsidiary）
　他の企業（親会社）に支配（control）されている企業をいう。

連結財務諸表は，連結財務諸表を誰の立場から作成するかといった会計主体観（accounting point of view）が異なることによって，作成方法および内容が異なってくる。IASBとFASBの概念フレームワーク共同プロジェクトの検討過程では，連結財務諸表に関する会計主体観として，以下の3つが検討された。

(1) 資本主説（proprietary theory）
(2) 親会社説（parent company approach）
(3) 実体説（経済的単一体説）（entity theory, economic unit concept）

(1) 資本主説

資本主説は，企業形態を問わず，所有主ないし出資者（所有者）の立場から

会計上の判断を行うという考え方である。企業あるいは企業集団が所有する資源は，所有者の資源であり，企業あるいは企業集団自体の資源ではないと考える。資本主説に基づいた連結財務諸表は，報告企業に関する所有者の資産，貸付者およびその他の債権者に対する所有者の負債，および正味残余所有者持分を報告する[6]。

(2) 親会社説

親会社説は，連結実務を説明および整理する方法として，会計実務から発展した考え方で，資本主説と実体説の中間に位置づけられる。

親会社説は，親会社の株主の立場から会計上の判断を行うという考え方である。企業集団の資産，負債，収益および費用に関する情報の表示は，親会社自体に対する株主持分と，子会社の純資産に対する親会社株主の未分配持分を反映したものである。非支配持分（non-controlling interests）は，親会社持分と考えられないため，持分以外で表示される。親会社説に基づいた連結財務諸表は，親会社の株主といった特定の資本提供者に対して，報告企業に関する有用な情報を提供する[7]。

(3) 実体説（経済的単一体説）

実体説（経済的単一体説）は，企業あるいは企業集団の立場から会計上の判断を行うという考え方である。企業あるいは企業集団は，所有者から独立しており，それ自身の実体を有すると考えられる。資本提供者により提供される経済的資源は，企業あるいは企業集団の資源であり，資本提供者の資源ではない。資本提供者は，企業あるいは企業集団の経済的資源に対する請求権を与えられることになる。実体説に基づいた連結財務諸表は，報告企業が所有する経済的資源と，それらの資源に対する資本提供者の請求権を報告する。その結果，資本提供者の範囲が，親会社株主に限定されない。非支配持分は，親会社持分と同様に，持分の中で表示される。

実体説に基づいた連結財務諸表は，主要な情報利用者およびその他利害関係者の立場から作成されるというよりも，実体自身を説明するもので，親会社説以上に広範囲のすべての資本提供者に有用な情報を提供する[8]。

IASB は，当初，今日の事業活動が所有者から分離された実体により行われていると考えられている点を強調して，会計主体観として実体説を支持した。実体説を支持する根拠では，以下の３点から，実体説が親会社説を包含すると説明された[9]。

① 実体説は，親会社説以上に広範囲の資本提供者に焦点を当てている。
② 企業結合会計基準は，支配持分と区別して非支配持分の金額および非支配持分に帰属する利得または損失の金額を開示する規定を定めている。
③ 連結財務諸表の表示に加えて，親会社財務諸表の表示を妨げるものではない。

しかし，IASB は，会計主体観についての検討過程においてさまざまな意見があり，結論へと結びつけることができなかったため，その後，実体説といった用語を使わないことを決定した。その結果，IFRS 第10号は，会計主体観について言及していない。

Section 3　連結の範囲と支配概念
～原則主義による規定内容～

親会社は，親会社とそのすべての子会社から構成される企業集団を単一の経済的実体として，連結財務諸表を作成しなければならない。IFRS 第10号では，投資企業（investor）である親会社が，支配の及ぶ被投資企業（investee）を子会社として連結財務諸表を作成する。

IFRS 第10号は，一定の条件を満たした場合の中間親会社（intermediate parent）等，一部の例外[10]を除いた親会社に対して，連結財務諸表の作成を規定している。このような親会社に対する連結財務諸表作成の免除規定は日本にはない。

連結財務諸表には，投資企業である親会社が支配しているすべての被投資企業が包含される。連結財務諸表に含まれる被投資企業の決定（連結の範囲の決定）は，投資企業による被投資企業への支配の有無に基づくことになる。

連結の範囲の決定基準は，支配をどのように判定するかによって，次の２つから説明される。

① （過半数）持株基準

これは，支配を過半数議決権の所有によって判定する方法である。

② 支配力基準

これは，支配を過半数議決権の所有だけでなく，それ以外の要因も含めて判定する方法である。

IFRS 第10号における連結の範囲の決定基準は支配力基準である。IFRS 第10号は，投資企業は，被投資企業への関与の仕方にかかわらず，被投資企業を支配するか否かを評価することにより，投資企業が親会社か否かを決定しなければならないと規定している（IFRS 第10号，par.5）。

投資企業が親会社か否かを決定する支配の判定基準は，以下の3点から説明される（IFRS 第10号，pars.7-18）。

(1) 被投資企業に対するパワー（power）（被投資企業のリターンに影響を及ぼすパワー）

これは，投資企業が被投資企業のリターン（return）に重要な影響を与えるような関連する活動（relevant activities）を指示する現在の能力（ability）を，自らに与える権利（rights）を有している場合に存在する。

被投資企業に対するパワーは，議決権（voting rights），契約上のアレンジメント（contractual arrangements）等から評価される。関連する活動の例には，商品またはサービスの売買，金融資産の存続期間における管理，資産の選定，取得または処分，新しい製品またはプロセスの研究開発，資金構造の決定または資金調達がある。

(2) 被投資企業への関与から生じる変動するリターン（variable return）にエクスポージャーされているか，あるいは変動するリターンに対する権利（被投資企業からのリターンへの権利）

これは，被投資企業の業績によって，被投資企業に対する関与から生じる投資企業へのリターンが変動する可能性がある場合に存在する。

⑶ 投資企業のリターンに影響を及ぼすために，被投資企業に対してパワーを
使用する能力（自らのリターンのために，被投資企業にパワーを使用する能
力）

これは，被投資企業への関与から，投資企業のリターンに影響を及ぼすよう
なパワーを有している場合に存在する。

これらの支配の判定基準は，被投資企業の目的と設計（purpose and
design）等も考慮して行われる（IFRS 第10号，B85A）。

IFRS 第10号は，投資企業の支配の有無を判定して，連結の範囲を決定する
ことになり，投資企業の支配が及ばない企業を連結の範囲に含めないことにな
る。このような IFRS 第10号における投資企業の支配の判定基準は，数値基準
（bright lines）等を定めることなく，経済的実質を考慮した原則主義
（principles-based approach）に基づいていると考えられる。

Section 4　連結財務諸表の作成

連結財務諸表は，投資者が投資先に対する支配を獲得した日から作成する。
連結財務諸表の作成では，親会社とその子会社の財務諸表の作成に関して，
以下の 2 点での調整が必要である。

⑴ 会計方針の統一

類似した状況での同様の取引およびその他の事象に関して，統一した会計方
針を用いる（IFRS 第10号，par.19）。

⑵ 同一報告日の財務諸表の利用

連結財務諸表の作成に用いる親会社および子会社の財務諸表は，原則として，
同じ報告日のものでなければならない。親会社と子会社の決算日が異なる場合
には，子会社は親会社の決算日と同日の追加的な財務情報を作成して，連結財
務諸表を作成できるようにする（IFRS 第10号，B92-93）。

具体的な連結財務諸表の作成手続は，以下のとおりである（IFRS 第10号，B86）。

① 親会社とその子会社の資産，負債，持分，収益，費用およびキャッシュ・フローの類似項目の合算
② 親会社の各子会社に対する投資の帳簿価額と，各子会社の資本のうち親会社の持分相当額との相殺消去
③ 企業集団内での取引に関する資産および負債，持分，収益，費用ならびにキャッシュ・フローの全額消去

IFRS 第10号は，非支配持分を，連結財政状態計算書において，持分の中で親会社の所有者持分と区別して表示するように規定している。また，純損益および包括利益に関して，親会社の所有者への帰属額と非支配持分への帰属額をそれぞれ表示するように規定している（IFRS 第10号，par.22 & B94）。

非支配持分を持分に含めて表示する理由は，それが概念フレームワークにおける負債の定義を満たしていないこと，および企業集団内の子会社の一定の株主が保有する当該子会社の純資産に対する残余持分を表しており，持分の定義を満たすことから説明される（IFRS 第10号，BCZ157-159）。これらは，IFRS第10号が会計主体観として実体説に基づいていることを表している。

子会社に対する親会社の所有者持分の変動で，支配の喪失にならないものは，資本取引として会計処理する。所有者持分が変動した場合には，親会社は，支配持分と非支配持分の帳簿価額を相対的な持分の変動を反映するために修正しなければならない。非支配持分の調整額と，支払対価または受取対価の公正価値との差額は資本に計上して，親会社の所有者に帰属させる。

Case Study 17-1　連結財務諸表の作成

P社（取得企業）は，×1年度末にS社（被取得企業）の株式の60％を108,000千円で取得し支配を獲得した。×1年度末における連結財政状態計算

書を作成しなさい。会計期間は1年，決算日は12月31日とする。

×1年度末のP社およびS社の財政状態計算書は［**資料**］のとおりである。S社の資産および負債のうち，売掛金の時価は44,000千円および土地の時価は48,000千円であり，それ以外に時価評価による重要な簿価修正額はない。非支配持分は，被取得企業の識別可能な純資産の比例的な持分割合で測定する。

［資料］

財政状態計算書

（単位：千円）

	P社	S社			P社	S社
	資産	資産			負債及び持分	負債及び持分
現 金 預 金	42,000	60,000	買 　掛 　金		115,000	55,000
売 　掛 　金	80,000	50,000	借 　入 　金		100,000	70,000
貸 　付 　金	60,000	35,000	資 　本 　金		260,000	100,000
建 　　物	90,000	70,000	剰 　余 　金		5,000	30,000
土 　　地	100,000	40,000				
子 会 社 株 式	108,000					
	480,000	255,000			480,000	255,000

［解答］

S社の時価評価後財政状態計算書

（単位：千円）

	資産		負債及び持分
現 　金 　預 　金	60,000	買 　掛 　金	55,000
売 　掛 　金	44,000	借 　入 　金	70,000
貸 　付 　金	35,000	資 　本 　金	100,000
建 　　物	70,000	剰 　余 　金	30,000
土 　　地	48,000	再 評 価 剰 余 金	2,000
	257,000		257,000

連結仕訳

（単位：千円）

M/D	Debit	amount	Credit	amount
12/31	資　本　金	100,000	子 会 社 株 式	108,000
	剰　余　金	30,000	非 支 配 持 分	52,800 [*2]
	再評価剰余金	2,000		
	の　れ　ん	28,800 [*1]		

（＊1）　のれん =108,000 −（（100,000 + 30,000 + 2,000）× 60%）= 28,800
（＊2）　非支配持分 =（100,000 + 30,000 + 2,000）×（1 − 60%）= 52,800

連結貸借対照表

（単位：千円）

	資産		負債及び持分	
現　金　預　金	102,000	買　　掛　　金		170,000
売　　掛　　金	124,000	借　　入　　金		170,000
貸　　付　　金	95,000	非 支 配 持 分		52,800
建　　　　　物	160,000	資　　本　　金		260,000
土　　　　　地	148,000	剰　　余　　金		5,000
の　れ　ん	28,800			
	657,800			657,800

Section 5　関連会社およびジョイント・ベンチャーの会計処理

⑴　関連会社とジョイント・ベンチャーの意味

　2011年に，IASB は IAS 第28号を改訂して，「関連会社およびジョイント・ベンチャーに対する投資」というタイトルのもとに公表した。これは，関連会社（associates）に対する投資の会計処理を定め，関連会社およびジョイント・ベンチャー（joint venture）（共同支配企業）に対する投資を会計処理する際の持分法（equity method）の適用を規定している（IAS 第28号，par.1）[11]。
　関連会社とは，投資企業が重要な影響力（significant influence）を有している企業をいう（IAS 第28号，par.3）。関連会社の決定においては，重要な影響

力が判定基準となる。重要な影響力は，被投資企業の財務および営業方針の決定に参加するパワーであるが，当該方針に対する支配または共同支配ではないものをいう（IAS 第28号，par.3）。

重要な影響力の有無は，次の条件をもとに判定される（IAS 第28号，pars.5-6）。

① 投資企業が，直接または間接的に保有している被投資企業の議決権割合が20％以上で，明らかな反証が認められない場合
② ただし，仮に20％未満であっても，以下の１つ以上の方法で証拠づけられる場合
　(a) 被投資企業の取締役会または同等の経営機関への参加
　(b) 配当やその他の分配の決定等，方針の決定過程への参加
　(c) 投資企業と被投資企業間の重要な取引
　(d) 経営陣の人事交流
　(e) 重要な技術情報の提供

ジョイント・ベンチャー（共同支配企業）とは，取決め（arrangement）を共同支配（joint control）する当事者が取決めの純資産に対する権利を有している場合の共同の取決めをいう（IAS 第28号，par.3）。

Glossary—用語解説

共同支配（joint control）
　取決めに対する契約上合意された支配の共有（contractually agreed sharing of control）をいう。
共同支配の取決め（a joint arrangement）
　複数の当事者が共同支配する取決めをいう。
共同支配投資企業（a joint venturer）
　共同支配企業の当事者のうち，当該共同支配企業に対して共同支配する企業をいう。

---

(2) 持分法の会計処理

関連会社またはジョイント・ベンチャーに対する投資は，持分法により会計

処理される。持分法とは，投資を最初に原価で認識し，それ以降，被投資企業の純資産に対する投資企業の持分の取得後の変動に応じて，帳簿価額を修正する会計処理方法である。

投資企業の純損益には，被投資企業の純損益に対する投資企業の持分が含まれ，投資企業のその他の包括利益（other comprehensive income, OCI）には，被投資企業の OCI に対する投資企業の持分が含まれる（IAS 第28号，par.3）。

Case Study 17-2　持分法の会計処理

P 社は，A 社株式の30％を取得し，関連会社としている。[資料] は，A 社の×1年度末の個別損益計算書である。持分法を用いて，P 社が連結財務諸表を作成するときの仕訳を示しなさい。会計期間は1年，決算日は12月31日とする。

[資料]

損益計算書

A社　　　　　　　　　　　　　　　　（単位：千円）

売上原価	40,000	売上	80,000
給料	32,000		
支払利息	4,000		
当期純利益	4,000		
	80,000		80,000

[解答]

（単位：千円）

M/D	Debit	amount	Credit	amount
12/31	関連会社株式	1,200	持分法投資損益	1,200

■注

1） アメリカでは1892年の National Lead Company, イギリスでは1920年の Nobel Industries Co. の連結財務諸表がある。
2） Moonitz, 1951, pp 6 -7.
3） AISG, 1973, par.16.
4） 根岸・舟田，2003, p.17。
5） 詳細については，以下を参照。https://www.agu.ac.jp/~ichiro/（Topic17-1）.
6） Hatfield, 1909, pp.2-14.

Chapter 17 連結財務諸表の会計 213

7) FASB, 1991, par.27, IASB, 2008a, pars.114-115.
8) FASB, 1991, par.63, IASB, 2008a, pars.118 & BC1.12.
9) IASB, 2008a, pars.118-126 and par.140.
10) 親会社のうち，以下のすべての条件を満たした場合には，連結財務諸表を作成する必要はない（IASB, 2012b, *op.cit.*, par.4.（同訳書））。
　① 親会社が他の企業の100％子会社であるか，または他の企業の100％未満の子会社であり，他の所有者が，親会社が連結財務諸表を表示しないことを知らされていて，それに反対していないこと
　② 親会社の負債性または資本性金融商品が，公開市場で取引されていないこと
　③ 親会社が，財務諸表を証券取引委員会その他の規制機関に公開市場で何らかの種類の証券を発行する目的で提出しておらず，提出する過程にもないこと
　④ 親会社の最上位（ultimate）の親会社またはいずれかの中間親会社が，IFRS に準拠した公表用の連結財務諸表を作成していること
11) 共同支配の取決めに関しては，次の会計基準も公表されている。
　　IASB, 2012c.（同訳書）

Chapter **18**

のれんの会計

Objective of this Chapter―本章の目的

　本章では，企業結合の結果取得したのれん（goodwill）の会計に関して，国際会計基準審議会（IASB）の国際財務報告基準（IFRS）第3号「企業結合」に焦点を当てて，のれんの認識と測定について学習する。のれんの意味，被取得企業の非支配持分（non-controlling interest）の測定との関わりから生じる全部のれん（full goodwill）と部分のれん（partial goodwill）の意義，およびのれんの事後測定（subsequent measurement）の方法と問題について，企業結合会計および連結財務諸表の会計主体観から理解する。

Section 1　のれんの意味

歴史的に，のれん（暖簾）の意味には3つの見解があった[1]。

① 潜在的無形資産説（Momentum Concept）

② 超過収益力説（Excess Earnings Concept）

③ 差額説（Residuum Concept）

潜在的無形資産説とは，のれんを，企業が市場競争を行うにあたり，同業他社への優位性を有する要因で，個別に認識および測定されていない無形の項目の集合体とする考え方である。超過収益力説とは，のれんを，正常利益を超える期待将来利益の割引現在価値とする考え方である。差額説とは，のれんを，全体としての企業実体の現在価値と識別可能純資産の現在価値との差額を表す総合的評価勘定（master valuation account）とする考え方である。これらの3つの見解には，のれんが将来キャッシュ・インフローを増大させ，競争上の

優位性を与える原因であるという点で，共通点が指摘される。

アメリカの財務会計基準審議会（FASB）は，財務会計基準書（SFAS）第141号「企業結合」を設定する過程で，アメリカの実務における企業結合により取得したのれんの金額には，以下の6つの構成要素（component）が存在すると記している[2]。

① 取得日における被取得企業の純資産の帳簿価額（book values）に対する公正価値（fair value）の超過額
② 被取得企業が以前に認識していなかったその他の純資産の公正価値
③ 被取得企業の既存の事業における継続企業要素（going concern element）の公正価値
④ 取得企業と被取得企業の純資産および事業を結合することにより期待される相乗効果（synergies）およびその他の便益の公正価値
⑤ 提示する対価を評価する際の誤謬（error）により生じた，取得企業が支払う対価（consideration）の過大評価（overvaluation）
⑥ 取得企業による過大支払い（overpayment）または過少支払い（underpayment）

2001年に公表されたSFAS第141号は，これらの各構成要素について，概念的に検討を行うことで，③および④をコアのれん（core goodwill）として表現した。ここで，①および②はのれんではなく被取得企業の資産の一部であり，⑤および⑥は資産ではなく損益であると結論づけられた[3]。

2004年に公表され，2008年に改訂されたIFRS第3号は，企業結合により取得したのれんを，将来の経済的便益といった視点から，次のように定義している（IFRS第3号，Appendix A）。

のれんとは，企業結合で取得した，個別に識別されず独立して認識されない他の資産から生じる将来の経済的便益（future economic benefits）を表す資産である。

Section 2　のれんの当初認識

企業結合により取得したのれんは，取得企業が被取得企業の支配を獲得した

日（取得日）に認識される。のれんは次の①が②を超過する金額で測定される（IFRS 第 3 号，par.32）。

① 以下の総計
　(a) 移転された対価（通常，取得日における公正価値）
　(b) 被取得企業のすべての非支配持分の金額
　(c) 段階的に達成される企業結合の場合には，取得企業が以前に保有していた被取得企業の持分の取得日における公正価値
② 取得した識別可能な取得資産および引き受けた負債の取得日における正味の金額

　逆に，取得企業は，時として，バーゲン・パーチェス（割安購入）（bargain purchase）をすることがある。これは，上記の②が①を超過する企業結合である。バーゲン・パーチェスの場合には，取得企業は，取得日において，当該差額を利得（負ののれん発生益）に認識しなければならない（IFRS 第 3 号，par.34）。
　IASB は，被取得企業の非支配持分について，以下のいずれかで測定することを容認している（IFRS 第 3 号，pars.18-19）（Chapter 16を参照）[4]。

① 公正価値
② 被取得企業の識別可能純資産の認識金額に対する現在の所有権金融商品の比例的な持分（非支配持分割合）

　IASB が，被取得企業の非支配持分の測定に関して代替的な会計処理方法を容認したことに伴い，のれんも全部のれんと部分のれん（購入のれん）の 2 つが計上されることになる。これは，財務諸表の比較可能性を低下させる原因になると考えられる。
　非支配持分を公正価値で測定した場合，その金額に非支配持分ののれんが含まれる。被取得企業の非支配持分ののれんと，被取得企業の親会社持分ののれんとを合計することで，全部のれんが計上される。
　非支配持分を被取得企業の識別可能純資産の非支配持分割合で測定した場合，その金額には非支配持分ののれんが含まれない。企業結合の結果生じるのれんは，被取得企業の親会社持分ののれんだけとなり，これは部分のれん（購入の

れん）と呼ばれる（図表18-1および図表18-2を参照）。

図表18-1　非支配持分の測定とのれん

	Non-Controlling Interests		Goodwill	
	Measurement	amount	amount	method
①	公正価値	非支配持分のの れんを含む	親会社持分ののれん＋ 非支配持分ののれん	全部のれん
②	被取得企業の識別可能純 資産の非支配持分割合	非支配持分のの れんを含まない	親会社持分ののれん	部分のれん（購入 のれん）

図表18-2　全部のれんと部分のれん

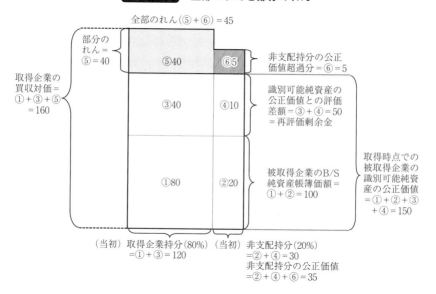

Glossary―用語解説

全部のれん（full goodwill）
　被取得企業の非支配持分を公正価値で測定することによって，取得企業の持分割合だけでなく，非支配持分に帰属する持分金額を超過した部分までのれんとして認識するものである。

部分のれん（partial goodwill）（購入のれん）
　被取得企業の非支配持分を，被取得企業の識別可能純資産の非支配持分割合で測定することによって，非支配持分に帰属するのれんが計算されず，取得企業の持分割合だけをのれんとして認識するものである。

Chapter 18 のれんの会計 **219**

Case Study 18-1　100%未満の株式取得時における正ののれん

　P社は，×1年12月31日に，S社株式の80％を650百万円で取得し支配を獲得している。以下の2つのケースについて，[資料]に基づいて投資と持分の相殺消去仕訳を示しなさい。会計期間は1年，決算日は12月31日とする。

Case 1　非支配持分を公正価値で測定した場合（全部のれんを計上）

Case 2　非支配持分を被取得企業の識別可能純資産の非支配持分割合で測定した場合（部分のれんを計上）

[資料]

① S社の財政状態計算書と公正価値評価額

（単位：百万円）

	×1年12月31日 帳簿価額	公正価値 評価後価額
資産		
流動資産	500	500
固定資産	1,500	1,700
資産合計	2,000	2,200
負債		
流動負債	600	600
固定負債	900	900
負債合計	1,500	1,500
持分		
資本金	500	
持分合計	500	
負債及び持分合計	2,000	

② S社の非支配持分の公正価値は，一定の方法で測定したところ250百万円であったとする。

[解答]

Case 1　非支配持分を公正価値で測定した場合

　全部のれんの計上額は，P社の支払対価（650百万円）とS社における非支配持分の公正価値（250百万円）の合計金額から，S社の識別可能純資産の公正価値評価額（700百万円）を控除した差額（200百万円）である。

■全部のれんの計算

支払対価	650百万円
被取得企業における非支配持分の公正価値	250百万円
合計	900百万円
識別可能な資産および負債の正味金額	700百万円
差額（全部のれん）	200百万円

（単位：百万円）

M/D	Debit	amount	Credit	amount
12/31	資　本　金	500	S　社　株　式	650
	再評価剰余金	200	非支配持分	250
	の　　れ　　ん	200		

Case 2　非支配持分を被取得企業の識別可能純資産の非支配持分割合で測定した場合

　部分のれんの計上額は，P社の支払対価（650百万円）とS社の公正価値評価後の持分に対する非支配持分割合の金額（140百万円）の合計金額から，S社の識別可能純資産の公正価値評価額（700百万円）を控除した差額（90百万円）である。

■部分のれんの計算

支払対価	650百万円
被取得企業における公正価値評価後の持分に対する非支配持分割合の金額	140百万円
合計	790百万円
識別可能な資産および負債の正味金額	700百万円
差額（部分のれん）	90百万円

（単位：百万円）

M/D	Debit	amount	Credit	amount
12/31	資　本　金	500	S　社　株　式	650
	再評価剰余金	200	非支配持分	140
	の　　れ　　ん	90		

Chapter 18　のれんの会計　221

Case Study 18-2　100％未満の株式取得時におけるバーゲン・パーチェス

　P社は，×1年12月31日に，S社株式の80％を500百万円で取得し支配を獲得している。以下の2つのケースについて，[資料]に基づいてバーゲン・パーチェスによる利益を計算し，投資と持分の相殺消去仕訳を示しなさい。会計期間は1年，決算日は12月31日とする。

Case 1　非支配持分を公正価値で測定した場合
Case 2　非支配持分を被取得企業の識別可能純資産の非支配持分割合で測定した場合

[資料]
① S社の財政状態計算書と公正価値評価額

(単位：百万円)

	×1年12月31日 帳簿価額	公正価値 評価後価額
資産		
流動資産	500	500
固定資産	1,500	1,700
資産合計	2,000	2,200
負債		
流動負債	600	600
固定負債	900	900
負債合計	1,500	1,500
持分		
資本金	500	
持分合計	500	
負債及び持分合計	2,000	

② S社の非支配持分の公正価値は，一定の方法で測定したところ160百万円であったとする。

[解答]
Case 1　非支配持分を公正価値で測定した場合

　P社の支払対価（500百万円）とS社における非支配持分の公正価値（160百万円）の合計金額から，S社の識別可能純資産の公正価値評価額（700百万円）を控除すると，差額が負の値（△40百万円）となる。したがって，当該負の差額が，バーゲン・パーチェスによる利益となる。

■バーゲン・パーチェスによる利益の計算（非支配持分を公正価値で測定した場合）

支払対価		500百万円
被取得企業における非支配持分の公正価値		160百万円
合計		660百万円
識別可能な資産・負債の正味金額		700百万円
差額（マイナスの金額が利益）		－40百万円

（単位：百万円）

M/D	Debit	amount	Credit	amount
12/31	資　本　金	500	S　社　株　式	500
	再評価剰余金	200	非　支　配　持　分	160
			バーゲン・パーチェスによる利益	40

Case 2　非支配持分を被取得企業の識別可能純資産の非支配持分割合で測定した場合

　P社の支払対価（500百万円）とS社の識別可能純資産の非支配持分割合の金額（140百万円）の合計金額から，S社の識別可能な純資産の公正価値評価額（700百万円）を控除すると，差額が負の値（－60百万円）となる。

■バーゲン・パーチェスによる利益の計算（非支配持分をS社の識別可能純資産の非支配持分割合で測定した場合）

支払対価		650百万円
被取得企業における公正価値評価後の持分に対する非支配持分割合の金額		140百万円
合計		790百万円
識別可能な資産および負債の正味金額		700百万円
差額（部分のれん）		90百万円

（単位：百万円）

M/D	Debit	amount	Credit	amount
12/31	資　本　金	500	S　社　株　式	500
	再評価剰余金	200	非　支　配　持　分	140
			バーゲン・パーチェスによる利益	60

Section 3　のれんの事後測定～減損処理～

　企業結合により取得したのれんは，取得日以降，取得企業の資金生成単位（cash-generating units）または資金生成単位グループ（groups of cash-generating units）のうち，企業結合の相乗効果から便益を得ると見込まれるものに配分しなければならない（IAS 第36号，par.80）。

　のれんが配分されている資金生成単位は，毎年および減損の兆候（indication of impairment）がある場合にはいつでも，減損テスト（impairment tests）を行わなければならない（IAS 第36号，par.90）。

　資金生成単位の回収可能価額（recoverable amount）が帳簿価額（carrying amount）を下回る場合，減損損失（impairment loss）が認識される。減損損失の配分は，最初に，当該資金生成単位に配分されているのれんの帳簿価額を減額し，次に資金生成単位内の各資産の帳簿価額に基づいた比例按分により，当該単位内の他の資産の帳簿価額を減額する（IAS 第36号，par.104）。

　IASB が，2004年に IFRS 第3号を公表するまで，のれんは，その有効期間にわたって，原則，定額法（straight-line basis）により償却するように規定されていた。そこでは，償却期間（useful life）は5年内と規定され，仮に5年を超える長期間が正当化される場合でも最長20年内と規定されていた[5]。

　しかし，IFRS 第3号は，のれんの償却を禁止して，のれんの減損テストを毎年行うことを要求した。その理由は，のれんの耐用年数，およびのれんの価値が減少するパターンが一般に予測不可能であり，恣意的な見積もりが表現の忠実性という意味で問題であり，意思決定に有用な情報を提供することはできないからであるという（IAS 第36号，BC140）。また，IASB は，のれんの減損の検討を毎年行うほうが，償却費を通じた原価の配分よりも，改善された情報が提供されると判断している。IASB は，財務諸表利用者が企業結合で投資された資本に対する経営者の説明責任を評価する上で，のれんの非償却が有用であると考えている[6]。

　のれんの償却あるいは非償却に関する議論は，2022年に採決が行われて，非償却処理を維持することが決定されている[7]。

Case Study 18-3　のれんの減損処理

　P社は，×0年12月31日に，S社株式の80％を650百万円で取得し支配を獲得している。以下の2つのケースについて，[資料]に基づいて×1年12月31日における資金生成単位S社に関する減損損失の金額を計算し，必要な仕訳を示しなさい。会計期間は1年，決算日は12月31日とする。

Case 1　非支配持分を公正価値で測定した場合（全部のれんを計上）
Case 2　非支配持分を被取得企業の識別可能純資産の非支配持分割合で測定した場合（部分のれんを計上）

[資料]
- S社全体の資産は，その他の資産や資産グループからのキャッシュ・フローから大きく独立しているキャッシュ・フローを生成する最小の資産グループとなることから，S社が資金生成単位である。
- ×0年12月31日におけるS社の識別可能純資産（全額償却資産「有形固定資産」とする）の公正価値は700百万円であった。P社は，S社のすべての識別可能資産を，×1年12月31日より，耐用年数10年，残存価額ゼロ，定額法により減価償却している。
- ×0年12月31日におけるS社の非支配持分の公正価値は，一定の方法で測定したところ250百万円であったとする。
- P社は，×1年12月31日に資金生成単位S社の回収可能価額を600百万円と算定した。

[解答]
Case 1　非支配持分を公正価値で測定した場合

　全部のれんの計上額は，P社の支払対価（650百万円）とS社における非支配持分の公正価値（250百万円）の合計金額から，S社の識別可能純資産の公正価値（700百万円）を控除した差額（200百万円）である。したがって，×1年12月31日における減価償却後のS社の資金生成単位の帳簿価額（830百万円）と回収可能価額（600百万円）との差額（230百万円）が減損損失となる。減損損失は，最初にのれんに配分される。

Chapter 18　のれんの会計　225

■減損損失の計算

（単位：百万円）

	のれん	識別可能純資産	合計
X1年度末	200	700	900
減価償却累計額		−70	−70
帳簿価額	200	630	830
回収可能価額			600
減損損失			230
帳簿価額	200	630	830
減損損失（認識額）	−200	−30	−230
減損損失後帳簿価額	0	600	600

（単位：百万円）

M/D	Debit	amount	Credit	amount
12/31	減 価 償 却 費	70	減 価 償 却 累 計 額	70
	減 損 損 失（のれん）	200	の　　れ　　ん	200
	減損損失（有形固定資産）	30	有 形 固 定 資 産	30

Case 2　非支配持分を被取得企業の識別可能純資産の非支配持分割合で測定した場合

　部分のれんの計上額は，P社の支払対価（650百万円）からP社における識別可能純資産の親会社持分割合（560百万円）を控除した差額（90百万円）である。したがって，×1年12月31日における減価償却後のS社の資金生成単位の帳簿価額（720百万円）と回収可能価額（600百万円）との差額（120百万円）が減損損失となる。減損損失は最初にのれんに配分される。

■減損損失の計算

（単位：百万円）

	のれん	識別可能純資産	合計
X1年度末	90	700	790
減価償却累計額		−70	−70
帳簿価額	90	630	720
回収可能価額			600
減損損失			120
帳簿価額	90	630	720
減損損失	−90	−30	−120
減損損失後帳簿価額	0	600	600

(単位：百万円)

M/D	Debit	amount	Credit	amount
12/31	減　価　償　却　費	70	減　価　償　却　累　計　額	70
	減 損 損 失（の れ ん）	90	の　　　　れ　　　　ん	90
	減損損失（有形固定資産）	30	有　形　固　定　資　産	30

■注
1 ）　APB, 1970, par.68, Canning, 1929, p.42.
2 ）　FASB, 2001, B102.
3 ）　FASB, 2001, B103-106.
4 ）　アメリカのSFAS第141号は，非支配持分について公正価値による測定だけを規定している（FASB, 2007, pars.20-21）。
5 ）　IASC, 1993, par.42.
6 ）　IASB, 2014a, p.14.
7 ）　以下を参照。https://www.ifrs.org/news-and-events/news/2022/11/iasb-votes-to-retain-impairment-only-approach-for-goodwill-accounting/

Chapter **19**

外貨換算の会計

Objective of this Chapter—本章の目的

　本章では，多国籍企業（MNEs）が直面する本国通貨以外の通貨単位を用いた取引および連結財務諸表（consolidated financial statements）の作成において，外国通貨（foreign currency）を用いた取引および為替レート（foreign exchange rates）変動をどのように処理し，どのように報告するべきかについて学習する。国際会計基準委員会（IASC）が設定して，その後，国際会計基準審議会（IASB）が承認および改訂した国際会計基準（IAS）第21号「外国為替レート変動の影響」の会計基準における機能通貨（functional currency）概念，機能通貨概念のもとでの外国通貨および為替レート変動の処理および表示の問題について，会計基礎概念の視点から理解する。

Section 1　外貨換算会計の意味と種類

　1950年代以降，MNEs の事業活動および資金調達活動はグローバル化した（Chapter 1 を参照）。それに伴って，MNEs は，外貨換算（foreign currency translation）会計といった新たな会計問題に直面した。

　外貨換算会計は，主に以下の 3 つの問題に関連する（IAS 第21号，par.3）。

① 　外国通貨での取引（外貨建取引（foreign currency transaction））および残高をどのように会計処理するのかの問題

② 　企業（entity）の財務諸表の中に連結あるいは持分法により含められる在外営業活動体（foreign operations）の業績（results）および財政状態（financial position）をどのように換算するのかの問題

③ 企業の業績および財政状態をどのように表示通貨（presentation currency）に換算するのかの問題

Section 2　機能通貨の概念

外貨建取引とは，外貨で表示されているかまたは外貨での決済を必要とする取引である。外貨建取引には，企業が以下のような取引を行う場合が含まれる（IAS 第21号，par.20）。

① 価格が外貨で表示されている商品の売買またはサービスの授受の場合
② 支払額または受取額の金額が外貨で表示されている資金の借入れまたは貸付けの場合
③ その他の方法により，外貨で表示されている資産の取得あるいは処分，または負債を負うか，あるいは決済の場合

IAS 第21号は，外貨とは企業の機能通貨以外の通貨をいうと定義している（IAS 第21号，par.8）。

機能通貨とは，企業が営業活動を行う主たる経済環境（economic environment）の通貨をいう。これは，単独企業，親会社のような在外営業活動体を有する企業または子会社や支店のような在外営業活動体といった報告企業（reporting entity）が財務諸表を作成するとき，当該企業の業績および財政状態を測定する通貨である（IAS 第21号，IN 7）。機能通貨を決定するときには，以下のような要因が考慮される（IAS 第21号，par.9）。

① 次の通貨
  (a) 財およびサービス（goods and services）の販売価格（sales prices）に大きく影響を与える通貨（通常，財およびサービスの販売価格が表示され，決済される通貨）
  (b) 競争力および規制が財およびサービスの販売価格を主に決定することになる国の通貨
② 労務費，材料費ならびに財およびサービスを提供するためのその他の原価に

主に影響を与える通貨（通常，原価が表示され，決済される通貨）

IAS 第21号は，機能通貨概念を中心に据えて，外貨建取引を以下の2つに分類している。

① 外貨建取引の機能通貨での報告
② 外貨建取引の機能通貨以外の表示通貨での報告

Case Study 19-1　機能通貨の判定[1]

以下の［資料1］および［資料2］の各子会社における機能通貨を答えなさい。

［資料1］　報告企業 X 社と子会社 A 社
■報告企業 X 社：日本の食品メーカーであり，機能通貨は日本円である。
■子会社 A 社：
- ブラジルにおいて粗糖からグラニュー糖を生産して，ブラジル国内の得意先に販売し，代金を回収している。
- 販売は，ブラジル・レアル（real）建で行われる。販売価格は，アメリカ・ドル建の粗糖の国際価格を参考としながら，ブラジルでの需要動向，競合先の販売価格等を参考に決定される。
- 原材料の仕入れは，ブラジルの供給業者からブラジル・レアル建で行われる。原材料価格は，アメリカ・ドル建での粗糖の国際価格を参考としながら，ブラジル経済における競争力により重要な影響を受ける。その他の労務費，材料費，外注費等もブラジル・レアル建で決済される。
- 借入金等財務活動のかなりの部分は，アメリカ・ドル建で行われるが，手許資金は，ブラジル・レアルで留保される。

［資料2］　報告企業 Y 社と子会社 B 社
■報告企業 Y 社：日本の医療機器メーカーであり，機能通貨は日本円である。
■子会社 B 社：
- 中国で製造した医療機器をアメリカに輸出・販売して，代金を回収している。
- 販売はアメリカ・ドル建で行われる。販売価格は，アメリカの市場動向および競合先の販売価格を参考に決定される。

- 製造に必要な重要な機器の購入，労務費の重要な部分を占める経営陣の報酬等は，アメリカ・ドル建で決済される。その他の労務費，材料費，外注費等は，中国・元で決済される。
- 借入金等財務活動のかなりの部分は，アメリカ・ドル建である。中国で発生した費用の決済は，中国・元で行われるが，それ以外はアメリカ・ドルで留保される。

[解答・解説]
子会社A社：
　機能通貨はブラジル・レアルである。
　販売価格およびコストは，アメリカ・ドル建の粗糖の国際価格が参考にされているとはいえ，最終的にはブラジル経済における需要動向や競合先の価格競争によって決定されており，アメリカ経済の状況により決定されているわけではない。したがって，優先的指標に基づけば，機能通貨はブラジル・レアルが適切である。
　追加的指標である財務活動はアメリカ・ドルで行われているが，受取金額の留保はブラジル・レアルで行われている。したがって，優先的指標による機能通貨の判定結果と不整合は生じない。

子会社B社：
　機能通貨はアメリカ・ドルである。
　販売価格は，アメリカにおける市場動向や競合先の販売価格を考慮して決定される。コストにおいても，重要な機器の購入，労務費の重要な部分を占める経営陣の報酬等は，アメリカ・ドル建で決済されている。したがって，優先的指標に基づけば，機能通貨は，アメリカ・ドルが適切である。
　追加的指標である財務活動や受取金額の留保も，アメリカ・ドルで行われている。したがって，優先的指標による機能通貨の判定結果と不整合は生じない。

Section 3　外貨建取引の機能通貨での報告

(1)　当初認識

　外貨建取引は，機能通貨による当初認識（initial recognition）において，取引日における機能通貨と外貨間の直物為替レート（spot exchange rate）を外

Chapter 19 外貨換算の会計 231

貨額に適用して，機能通貨で記録される（IAS 第21号，par.21）。

(2) 各報告期間末における報告

当初認識後の各報告期間末では，以下のように各項目を換算することが規定されている（IAS 第21号，par.23）。

(a) 外貨建貨幣性項目（foreign currency monetary items）は，決算日レート（closing rate）を用いて換算しなければならない。

(b) 取得原価（historical cost）で測定されている外貨建の非貨幣性項目（non-monetary items）は，取引日レート（exchange rate at the date of the transaction）で換算しなければならない。

(c) 公正価値（fair value）で測定されている外貨建の非貨幣性項目は，公正価値が測定された日の為替レートで換算しなければならない。

> **Glossary─用語解説**
>
> **表示通貨（presentation currency）**（IAS 第21号，par.8）
> 　財務諸表が表示される通貨をいう。
> **直物為替レート（spot exchange rate）**（IAS 第21号，par.8）
> 　即時受渡しに係る為替レートをいう。

(3) 為替差額の認識

外貨建取引の会計処理では，一取引基準（one transaction assumption）と二取引基準（dual transaction assumption）による処理方法が検討されてきた。

① 一取引基準とは，外貨建取引の発生とその代金の決済とを一連の関連した取引と考えて，その間に生じた為替レート変動による影響額（為替差額）を当初の外貨建取引額の修正として処理する考え方である。

② 二取引基準とは，外貨建取引の発生とその代金の決済とを別個の取引と考えて，その間に生じた為替差額を為替差損益として処理する考え方である。

現在，外貨建取引の会計は，二取引基準による処理方法で国際的に意見の一致がみられている。

為替差額（exchange difference）とは，ある通貨の特定の数量単位を異なった為替レートにより他の通貨に換算することにより生じる差額をいう（IAS 第21号，par.8）。

二取引基準では，為替差額は，以下のように処理される（IAS 第21号，pars.27-34）。

① 貨幣性項目の決済または貨幣性項目の換算の結果生じた為替差額は，在外営業活動体に対する報告企業の正味投資額の一部を構成するものを除き，発生する期間の損益に認識する。

② 非貨幣性項目に係る利得または損失がその他の包括利益（other comprehensive income, OCI）に認識される場合には，当該利得または損失の為替差額はOCI に認識する。

③ 非貨幣項目に係る利得または損失が当期損益に認識される場合には，当該利得または損失の為替差額は当期損益に認識する。

④ 在外営業活動体に対する報告企業の正味投資額の一部を構成する貨幣性項目について生じる為替差額は，個別財務諸表上で，当期損益に認識する。

以上より，当初認識後の決算日における換算は，図表19-1のようにまとめられる。

図表19-1　当初認識後の決算日における報告

Account		Exchange Rate	Exchange Difference	
貨幣性項目		決算日レート	当期損益	
非貨幣性項目	取得原価で測定されているもの	取引日レート	——	
	公正価値で測定されているもの	公正価値測定時の為替レート	利得または損失がその他の包括利益（OCI）に認識される場合	OCI
			利得または損失が当期損益に認識される場合	当期損益

Section 4　機能通貨以外の表示通貨での報告

　企業はいかなる通貨（または複数の通貨）でも財務諸表を表示することができる。企業集団に異なった機能通貨を用いる企業が含まれている場合，連結財務諸表を表示するため，各企業の業績と財政状態は共通の通貨（common currency）で表示される（IAS第21号, par.38）。

　機能通貨が表示通貨と異なる場合には，企業の業績と財政状態は，以下の手続によって表示通貨に換算されなければならない（IAS第21号, pars.39-43）。

① 機能通貨が超インフレ経済下の通貨でない場合[2]
  (a) 資産と負債は，財政状態計算書の日現在の決算日レートで換算する。
  (b) 収益および費用は，取引日レートで換算する。実務上の理由から，取引日の為替レートに近似するレート，例えば，期中平均レートの使用も容認される。
  (c) 換算の結果生じる為替差額は，OCIに認識する。
② 機能通貨が超インフレ経済下の通貨である場合
　IAS第29号「超インフレ経済下における財務報告」に従って，財務諸表を修正表示した上で，資産，負債，持分，収益および費用のすべてを，財政状態計算書の日現在の決算日レートで換算する。

為替差額は，以下の理由から生じることになる。

① 収益および費用の取引日レートによる換算と，資産および負債の決算日レートでの換算
② 前回の換算に用いられた決算日レートと異なる今回の決算日レートによる期首の純資産の換算

Case Study 19-2　機能通貨が超インフレ経済下の通貨でない場合の表示通貨への換算

　カナダ企業X社は，×0年1月1日に，完全子会社として，在外営業活動体A社を設立した。決算日は，X社およびA社ともに12月31日である。下記の［資料］に基づいて，×1年12月31日に，X社が連結財務諸表を作成するときの，A社の換算後財務諸表を作成しなさい。

［資料］

A社
損益計算書

	FC
	×1年度
売上高	35,000
売上原価	(28,000)
売上総利益	7,000
販売費及び一般管理費	
人件費等	(280)
減価償却費	(75)
支払利息	(175)
税引前当期純利益	6,470
法人税等	(2,100)
当期純利益	4,370

貸借対照表

	FC			FC	
	×0年12/31	×1年12/31		×0年12/31	×1年12/31
資産			負債		
流動資産			流動負債		
現金	300	3,600	未払金	3,000	2,430
売上債権	3,600	4,500	未払税金	1,200	1,500
棚卸資産	2,700	3,300	固定負債		
固産資定			長期借入金	3,600	3,900
有形固定資産	5,800	5,400	負債合計	7,800	7,830
			持分		
			資本金	2,100	2,100
			利益剰余金	2,500	6,870
			持分合計	4,600	8,970
資産合計	12,400	16,800	負債及び持分合計	12,400	16,800

［解答］

■為替レート

	1/1	C$1 = FC1.0
×0年	12/31	C$1 = FC2.0
	加重平均レート	C$1 = FC1.5

×1年	12/31	C$1 = FC3.0
	加重平均レート	C$1 = FC2.5

A社
損益計算書

	FC ×1年度	Exchange	C$ ×1年度
売上高	35,000	2.5	14,000
売上原価	(28,000)	2.5	(11,200)
売上総利益	7,000		2,800
販売費及び一般管理費			
人件費等	(280)	2.5	(112)
減価償却費	(75)	2.5	(30)
支払利息	(175)	2.5	(70)
税引前当期純利益	6,470		2,588
法人税等	(2,100)	2.5	(840)
当期純利益	4,370		1,748

貸借対照表

	FC ×0年12/31	FC ×1年12/31	Exchange ×0年	Exchange ×1年	C$ ×0年12/31	C$ ×1年12/31
資産						
流動資産						
現金	300	3,600	2.0	3.0	150	1,200
売上債権	3,600	4,500	2.0	3.0	1,800	1,500
棚卸資産	2,700	3,300	2.0	3.0	1,350	1,100
固定資産						
有形固定資産	5,800	5,400	2.0	3.0	2,900	1,800
資産合計	12,400	16,800			6,200	5,600
負債						
流動負債						
未払金	3,000	2,430	2.0	3.0	1,500	810
未払税金	1,200	1,500	2.0	3.0	600	500
固定負債						
長期借入金	3,600	3,900	2.0	3.0	1,800	1,300
負債合計	7,800	7,830			3,900	2,610
持分						
資本金	2,100	2,100	1.0	1.0	2,100	2,100
利益剰余金	2,500	6,870	1.5(*1)		1,667	3,415 (*2)
為替換算調整勘定					(1,467)	(2,525)
持分合計	4,600	8,970			2,300	2,990
負債及び持分合計	12,400	16,800			6,200	5,600

（＊1）　前年度の利益：加重平均レートでの換算金額

（＊2）　期首利益剰余金＋当期純利益

■注

1) 有限責任あずさ監査法人，2013, pp.3-4 を参考に，筆者作成。

2) 歴史的に外貨表示財務諸表項目の換算方法には，下記のような方法がある。詳細については，以下を参照。https://www.agu.ac.jp/~ichiro/（Topic19-1）.

(1)	流動・非流動法（Current-Noncurrent Method）	流動資産および流動負債を決算日レートで換算し，固定資産および固定負債を取得時レートで換算する方法
(2)	貨幣・非貨幣法（Monetary-Nonmonetary Method）	貨幣性資産および貨幣性負債を決算日レートで換算し，非貨幣性資産および非貨幣性負債を取得時レートで換算する方法
(3)	テンポラル法（Temporal Method）	各取引に用いられた測定属性に基づいて，外貨である現金預金および外貨建債権債務を決算日レートで，過去における交換価格によって維持されている勘定を取得時レートで，現在における購入または販売交換価格，または将来における交換価格によって維持されている勘定を決算日レートで換算する方法
(4)	決算日レート法（Closing Rate Method）	すべての資産，負債，持分を決算日レートで換算する方法
(5)	カレント・レート法（Current Rate Method）	資産および負債を決算日レートで，持分を当初計上時の為替レートで換算する方法

Chapter **20**

セグメント報告の会計

> **Objective of this Chapter—本章の目的**
>
> 本章では，企業集団における各構成単位の財務情報であるセグメント情報（segment information）が，どのように報告されるべきかについて学習する。国際会計基準審議会（IASB）は，2006年に，国際会計基準委員会（IASC）が設定した国際会計基準（IAS）第14号「セグメント別財務情報の報告」を改訂して，国際財務報告基準（IFRS）第8号「事業セグメント」を公表した。IFRS第8号が採用したマネジメント・アプローチ（management approach）の意味，マネジメント・アプローチのもとでのセグメント情報が，情報利用者の意思決定に有用な情報を提供するものとなっているかについて理解する。

Section 1　セグメント情報開示の制度化と問題

　連結財務諸表（consolidated financial statements）は，企業集団を単一の組織体とみなして，企業集団の財政状態，経営成績およびキャッシュ・フローの状況を総合的に報告するために作成される。しかし，連結財務諸表では，企業集団の構成単位の状況が明らかでない。

　セグメント情報は，企業集団における各構成単位の財務情報であり，企業（entity）の事業活動および企業が事業を行う経済環境の性質および財務的影響を評価できるように，企業が開示するものである（IFRS第8号，par.1）。

　IASCは，1981年にIAS第14号「セグメント別財務情報の報告」を公表して，産業別セグメント（industry segment）および地域別セグメント（geographical segment）ごとに，売上高，損益および資産に関する情報，ならびにセグメント間における振替価格の決定基準（inter-segment pricing basis）を開示する

ように規定した。

IASC におけるセグメント情報の開示は，産業別セグメントと地域別セグメントの情報開示を規定していた点で，アメリカのセグメント情報の開示基準と同様であったが，具体的な開示情報では相違していた[1]。また，製品およびサービス（products and services）の種類別分類に基づいた産業別セグメントは，その定義が不明確であり，恣意的な解釈が可能であることから，実務上問題があると指摘されてきた。その結果，多くの企業は，産業セグメントを広く定義することによって，極めて少ない産業セグメントにより報告をしていた[2]。そこで，2002年以降，IASB は，アメリカの会計基準の設定主体である財務会計基準審議会（FASB）との共同プロジェクトとして，セグメント報告の問題について短期収斂プロジェクトを開始した。

Section 2　マネジメント・アプローチ

IASB は，2006年に，IFRS 第 8 号「事業セグメント」を公表した。そこでは，事業セグメントの決定に関して，マネジメント・アプローチが採用されている。マネジメント・アプローチは，IASB と FASB との間での短期収斂プロジェクトがスタートする以前の1997年に，FASB の財務会計基準書（SFAS）第131号「企業のセグメントおよび関連情報に関する開示」において採用された方法である。

マネジメント・アプローチでは，以下の 3 点を考慮して，セグメント報告を行う。

(1)　セグメントを定義する適切な基礎は何か。
(2)　どのような会計原則および配分を使用すべきか。
(3)　どのような特定の情報が開示されるべきか。

⑴　セグメントを定義する適切な基礎は何か

マネジメント・アプローチは，経営者が営業上の意思決定を行い，業績を評価するために，企業の中でセグメントを分類する方法を基礎とする。マネジメ

ント・アプローチでは，企業の意思決定者が営業方針の決定において利用する
財務情報に焦点が当てられる。このような経営者が確立した構成単位が，事業
セグメント（operating segments）である[3]。

(2) どのような会計原則および配分を使用すべきか

セグメント情報において報告される金額の測定は，セグメントに資源を配分
する意思決定を行い，その業績を評価する目的で，最高経営意思決定者（the
chief operating decision maker）に報告される測定値でなければならない[4]。
これは，企業の一般目的財務諸表において用いられている一般に認められた会
計原則（GAAP）に準拠しない状況が生じることも想定され，かつ財務諸表利
用者の理解可能性，セグメント情報の検証可能性等から問題も指摘される。し
かし，内部組織の構造を基礎としたセグメント情報が，財務諸表利用者の意思
決定に目的適合的であることは明白である[5]。

(3) どのような特定の情報が開示されるべきか

セグメント情報において開示される項目は，基本的に各セグメントについて
完全な一組の財務諸表を必要とするであろう財務諸表の利用者の要求と，セグ
メント情報の開示を好まないであろう財務諸表の作成者との間の均衡を考慮し
て規定されている[6]。仮に，最高経営意思決定者が，検閲するセグメント利
益または損失の中に，規定された情報以外の項目が含まれている場合には，重
要な非現金項目，利息収益・費用および法人所得税の追加開示が求められる[7]。

マネジメント・アプローチには，以下のような長所が指摘される。

① 企業の内部管理報告に基づいて，セグメント情報が報告される。
② 年次報告書の他の箇所といっそう整合的なセグメント情報が報告される。
③ いくつかの企業は，いっそう多くのセグメント情報を報告する。
④ 中間財務報告書に，いっそう多くのセグメント情報が開示される。

一方で，マネジメント・アプローチに基づいた事業セグメントの決定には，
以下のような反対意見も指摘される[8]。

① 企業の内部管理構造に基づいたセグメントは，類似の活動を行う企業間の比較を不可能にし，個別企業の年度間の比較も不可能にする。
② 企業は，製品およびサービス，または地域に基づいて組織されていないかもしれないので，企業のセグメントは，マクロ経済モデルを用いて分析することを困難にするかもしれない。
③ 企業は戦略的に組織されているため，報告される情報は報告企業（reporting entity）に対して競争上不利な影響を与えるかもしれない。

Section 3　セグメント情報の開示基準

(1)　基本原則

　セグメント情報は，企業が行う事業活動，および企業が事業を行う経済環境の性質や財務的な影響を，財務諸表の利用者が評価できるように開示する（IFRS 第 8 号，par.1）。

(2)　事業セグメントの識別

　事業セグメントとは，企業の構成単位で，以下のすべての要件に該当するものである（IFRS 第 8 号，par.5）。

① その活動から収益を獲得し，費用を負担する事業活動に従事するもの（同一企業内の他の構成単位との取引に関連する収益および費用を含む）
② 企業の最高経営意思決定者が，当該セグメントに配分すべき資源に関する意思決定を行い，またその業績を評価するために，その経営成績を定期的に検討するもの
③ セグメントについて分離した財務情報を入手できるもの

(3)　報告セグメントの決定

　報告セグメントとは，セグメント別に財務報告を行わなければならないセグ

メントである。企業は，事業セグメントとして識別されるか，または集約基準（aggregation criteria）に従って集約された事業セグメント，および量的基準（quantitative thresholds）を超過した事業セグメントに関する情報を区分して報告しなければならない（IFRS 第 8 号，par.11）。

　集約基準は，複数の事業セグメントを 1 つの報告セグメントとして集約することができる基準である。集約した報告セグメントとするためには，事業セグメントが，以下のすべての点で類似の特徴を有していなければならない（IFRS 第 8 号，par.12）。

① 製品およびサービスの性質
② 生産過程の性質
③ 製品およびサービスの顧客のタイプまたは種類
④ 製品の配送，またはサービスの提供方法
⑤ 適用可能であれば，銀行，保険または公益事業の規制環境

　量的基準は，必ず区分して 1 つの報告セグメントとして報告しなければならない基準である。事業セグメントが独立した報告セグメントとなるには，以下のいずれかの基準を満たしていなければならない（IFRS 第 8 号，par.13）。

① 報告収益（外部顧客への売上高およびセグメント間売上高もしくは振替高の双方を含む報告収益）が，すべての事業セグメントの収益合計額（内部および外部からの収益合計額）の10％以上であること
② 報告損益の絶対額が，次の大きいほうの10％以上であること
　(a) 損失を報告しなかったすべての事業セグメントの報告利益の合計額
　(b) 損失を報告したすべての事業セグメントの報告損失の合計額
③ 資産がすべての事業セグメントの資産合計額の10％以上であること

　事業セグメントにおける外部収益の合計額が，企業の収益合計額の75％未満である場合には，収益合計額の75％が報告セグメントに含められるまで，事業セグメントを識別しなければならない（IFRS 第 8 号，par.15）。報告セグメントにならない他の事業活動および事業セグメントに関する情報は，結合して「その他のセグメント」の区分に開示しなければならない。その際，収益の源

泉を記載しなければならない（IFRS 第 8 号，par.16）。ただし，識別される事業セグメントの数が10を超える場合には，企業は実務上の限度に到達したか否かを検討しなければならない（IFRS 第 8 号，par.19）。

Case Study 20-1　報告セグメントの決定方法

　内部報告の目的から，企業の事業活動が 9 つの事業セグメントに分けられており，それぞれの収益，損益および資産が下記の［資料］のとおりである場合の報告セグメントの決定を，以下の手順で行いなさい。
① 　収益基準，損益基準，資産基準が全体の中で10％以上である事業セグメントを報告セグメントとしなければならない。
② 　外部からの収益の75％基準値を充足しているかを計算し，連結収益の75％未満である場合には，量的基準を満たさない事業セグメントとして，報告セグメントに追加しなければならない。
③ 　残りのセグメントは，「その他のセグメント」として追加する。

【資料】

（単位：千円）

	Seg.1	Seg.2	Seg.3	Seg.4	Seg.5	Seg.6	Seg.7	Seg.8	Seg.9	合計
収益										
外部	40,800	90,000	60,000	4,000	40,000	30,000	40,000	36,000	20,000	360,800
内部	42,000	9,000	2,500	40,000	-	-	4,000	2,500	15,000	115,000
合計	82,800	99,000	62,500	44,000	40,000	30,000	44,000	38,500	35,000	475,800
損益	30,000	5,000	50,000	35,000	15,000	-32,000	12,000	4,500	-6,500	113,000
利益	30,000	5,000	50,000	35,000	15,000		12,000	4,500		151,500
損失						-32,000			-6,500	-38,500
資産	12,250	145,000	55,000	77,800	40,000	4,300	7,730	24,000	25,000	391,080

【解答・解説】
① 　収益基準・損益基準・資産基準（10％基準）からの報告セグメントの決定

（単位：％）

	Seg.1	Seg.2	Seg.3	Seg.4	Seg.5	Seg.6	Seg.7	Seg.8	Seg.9	合計
収益基準	17.4	20.8	13.1	9.2	8.4	6.3	9.2	8.1	7.4	100.0
損益基準 [*1]	19.8	3.3	33.0	23.1	9.9	21.1	7.9	3.0	4.3	100.0
資産基準	3.1	37.1	14.1	19.9	10.2	1.1	2.0	6.1	6.4	100.0
報告セグメントの決定 [*2]	○	○	○	○	○	○				

（＊1） 　損益基準は，ここでは利益を計上しているセグメントの合計金額（151,500千円）をもとに判断する。損失を計上した Seg.6および Seg.9は，その絶対値をもとに計算する。
（＊2） 　○は，報告セグメントとして決定されたものを表す。

② 外部収益の75%基準からの報告セグメントの確認と追加

（単位：千円）

	Seg.1	Seg.2	Seg.3	Seg.4	Seg.5	Seg.6	Seg.7	Seg.8	Seg.9	合計
外部収益	40,800	90,000	60,000	4,000	40,000	30,000	40,000	36,000	20,000	360,800
①で決定された報告セグメント	○	○	○	○	○	○				
報告セグメント外部収益合計	40,800	90,000	60,000	4,000	40,000	30,000	△	△	△	264,800 73.4%^(*3)

③ ②から判断された報告セグメントの外部収益合計が全体の75%未満（＊3）であるため、報告セグメントとして選択されていないSeg.7，Seg.8およびSeg.9（△を付けたセグメント）の中から、いずれか1つを報告セグメントとして識別して、残りの2つを「その他のセグメント」に区分して報告する。

(4) 開 示

企業は、包括利益計算書が表示される期間ごとに、図表20-1の情報を開示しなければならない（IFRS第8号，pars.20-34）。

図表20-1 事業セグメント情報の開示項目（抜粋）

①	報告セグメントの一般情報
②	報告セグメントの純損益に含まれる特定の収益および費用を含めて、セグメント純損益，セグメント資産およびセグメント負債、ならびに測定基準に関する情報
	(a) 外部顧客からの収益
	(b) 同一企業内の他の事業セグメントとの取引による収益
	(c) 金利収益
	(d) 金利費用
	(e) 減価償却費および償却費
	(f) IAS第1号「財務諸表の表示」第97項に従って開示される重要な収益および費用
	(g) 持分法により会計処理される関連会社およびジョイント・ベンチャーの純損益のうち企業の持分
	(h) 法人所得税費用または利益
	(i) 減価償却費および償却費以外の重要な非資金項目
③	セグメント収益，報告セグメントの純損益，セグメント資産，セグメント負債およびその他の重要な項目の合計額とそれらに対応する企業の金額との調整
④	各製品およびサービスまたは類似の製品およびサービスごとの外部顧客からの収益
⑤	地域に関する情報
⑥	主要な顧客に関する情報
	単一の外部顧客との取引による収益が企業の収益の10%以上である場合には、その事実，顧客からの収益の合計額，当該収益を報告するセグメント名

244

■注 ─────────────────────────────────

1) 詳細については，以下を参照。https://www.agu.ac.jp/~ichiro/（Topic 20-1）.
2) FASB, 1997, par.58.
3) FASB, 1997, par.5.
4) FASB, 1997, par.29.
5) FASB, 1997, pars.83-91.
6) FASB, 1997, pars.25-31.
7) FASB, 1997, par.92.
8) FASB, 1997, par.62.

参考文献

基準書等で，基準設定主体による訳が公表されている場合，紙幅の都合上，「同訳書」と表記している。

AASB, 1994, Policy Statement No.4, *Australia-New Zealand Harmonisation Policy*, AASB.

AASB, 1995, Policy Discussion Paper No.1, *Towards International Comparability of Financial Reporting*, AASB.

AASB & PSASB, 1996, Policy Statement No.6, *International Harmonisation Policy*, AASB & AARF.

AISG, 1973, *Consolidated Financial Statements*, AISG.

AISG, 1975, *International Financial Reporting*, AISG.

APB, 1959, ARB No.51, *Consolidated Financial Statements*, AICPA.

APB, 1970, APB Opinion No.16, *Business Combinations*, AICPA. (同訳書)

ASRB, 1994, Release 2, *Australia-New Zealand Harmonisation Policy*, ASRB.

ASRB, 2004a, Release, *The Role of the Accounting Standards Review Board and the Nature of Approved Financial Reporting Standards*, 8, ASRB.

ASRB, 2004b, News Release, *Stable Platform of Financial Standards Announced NZ aligns with UK, Europe and Australia*, ASRB.

ASRB, 2007, Release, *Delay of the Mandatory Adoption of New Zealand Equivalents to International Financial Reporting Standards for Certain Small Entities*, 9, ASRB.

ASRB, 2009, Proposed Release, *The Role of the Accounting Standards Review Board and the Nature of Approved Financial Reporting Standard*s, 8, ASRB.

Baxter, G. C. and J. C. Spinney, 1975, "A Closer Look at Consolidated Financial Statement Theory," *CA Magazine*.

Benson, S. H., 1976, "A Story of International Accounting Standards," W. J. Brennan ed., 1979, *The Internationalization of the Accountancy Profession*, CICA.

Cabinet Economic Development Committee, 2005, Cabinet Paper, *International Financial Reporting Standards*, Office of the Minister of Commerce.

Canning, J. B., 1929, *The Economics of Accountancy*, Ronald Press.

CAP, 1950, ARB No.40, *Business Combinations*, AIA.

CAP, 1957, ARB No.48, *Business Combinations*, AIA.

CESR, 2005, Consultation Paper, *CESR's Technical Advice to the European Commission on a Possible Amendment to Regulation (EC) 809/2004 Regarding the Historical Financial Information Which must be Included in a Prospectus*, CESR.

CICA, 2003, *Accounting Standards Board Plan*, August, CICA.

CICA, 2004, *Accounting Standards in Canada: Future Directions*, May, CICA.

CICA, 2005, Draft Strategic Plan, *Accounting Standards in Canada: Future Directions*, May, CICA.

CICA, 2006, *Strategic Plan, Accounting Standards in Canada: New Directions*, May, CICA.

CICA, 2007, *Comparison of Canadian GAAP and IFRS*, March, CICA.

CICA, 2008a, *Comparison of IFRS and Canadian GAAP*, July, CICA.

CICA, 2008b, Exposure Draft, *Adopting IFRS in Canada*, April, CICA.

CICA, 2009, Exposure Draft, *Adopting IFRS in Canada*, March, CICA.

Council of the European Communities, 1978, "Council Directive of 25 July 1978, Annual Accounts of Certain Types of Companies (78/660/EEC)," Fourth Directive, *Official Journal of European Communities*, L 222. (山口幸五郎編, 1984『EC 会社法指令』同文舘出版)

Council of the European Communities, 1983, " Council Directive of 13 June 1983, Consolidated Accounts (83/349/ EEC), Seventh Directive, *Official Journal of European Communities*, L 193. (山口幸五郎・山口賢・清原泰司訳, 1984-1987「コンツェルン計算書類に関する EC 指令について (一) 〜 (六)」『阪大法学』)

EC Commission, 2000, Communication from the Commission to the Council and the European Parliament, *EU Financial Reporting Strategy: the Way Forward*, EC Commission.

EC Commission, 2002, *Regulation (EC) No.1606/2002 of the European Parliament and of the Council of 19 July 2002 on the application of international accounting standards*, EC Commission.

EC Commission, 2007, *First Report to the European Securities Committee and to the European Parliament on Convergence between International Financial Reporting Standards (IFRS) and Third Country National Generally Accepted Accounting Principles (GAAPs)*, EC Commission.

EC Commission, 2008, *Accounting: European Commission Grants Equivalence in Relation to Third Country GAAPs*, EC Commission.

FASB, 1976, SFAS No.14, *Financial Reporting for Segments of a Business Enterprise*, FASB.
（日本公認会計士協会・国際委員会訳，1985『米国FASB財務会計基準書〜リース会計・セグメント会計他』同文舘出版）

FASB, 1987, SFAS No.94, *Consolidation of All Majority-Owned Subsidiaries*, FASB.

FASB, 1991, Discussion Memorandum, *An Analysis of Issues Related to Consolidation Policy and Procedures*, FASB.

FASB, 1997, SFAS No.131, *Disclosure about Segments of an Enterprise and Related Information*, FASB.

FASB, 2001, SFAS No.141, *Business Combinations*, FASB.

FASB, 2007, SFAS No.141 (R), *Business Combinations*, FASB.

FASB & IASB, 2002, Memorandum of Understanding, *The Norwalk Agreement*, FASB & IASB.

Financial Crisis Advisory Group (FCAG), 2009, *Report of Financial Crisis Advisory Group*, FCAG, p.7.

FRC, 2002, "Adoption of International Accounting Standards by 2005," *Bulletin 2002/4‐3 July 2002*, FRC.

FRC, 2005, *Adoption of the International Accounting Standards in Australia*, FRC.

G4 + 1, 1998, *Methods of Accounting for Business Combinations: Recommendations of the G4 + 1 for Achieving Convergence*, G4 + 1.

Goerdeler, R., 1979, "The International Federation of Accountants," Brennan, W. John ed., *The Internationalization of the Accountancy Profession*, CICA.

Hatfield, H. R., 1909, *Modern Accounting, Its Principles and Some of its Problems*, D. Appletonand Co. （松尾憲橘訳，1971『近代会計学〜原理とその問題〜』雄松堂書店）

Hendriksen, E. S., 1982, *Accounting Theory*, Fourth ed., Richard D. Irwin. （水田金一監訳，1970『ヘンドリクセン会計学（上巻）』（初版の訳）同文舘出版）

IASB, 2001, "Preface to International Financial Reporting Standards," *International Financial Reporting Standards*, IASB.（同訳書）

IASB, 2003a, IAS No.2, *Inventories*, IASB.（同訳書）

IASB, 2003b, IAS No.16, *Property, Plant and Equipment*, IASB.（同訳書）

IASB, 2003c, IAS No.17, *Leases*, IASB.（同訳書）

IASB, 2003d, IAS No.40, *Investment Property*, IASB.（同訳書）

IASB, 2004a, IAS No.38, *Intangible Assets*, IASB.（同訳書）

IASB, 2004b, IFRS No.5, *Non-current Assets Held for Sale and Discounted Operations*, IASB. (同訳書)

IASB, 2004c, IAS No.36, *Impairment of Assets*, IASB. (同訳書)

IASB, 2004d, IFRS No.3, *Business Combinations*, IASB. (同訳書)

IASB, 2005a, Exposure Draft, IFRS 3 Business Combinations, IASB.

IASB, 2005b, IAS No.21, *The Effects of Changes in Foreign Exchange Rates*, IASB. (同訳書)

IASB, 2006, IFRS No.8, *Operating Segments*, IASB. (同訳書)

IASB, 2007a, "Introduction," *International Financial Reporting Standards* (*IFRS*) IASB. (同訳書)

IASB, 2007b, IAS No.7, *Statement of Cash Flows*, IASB. (同訳書)

IASB, 2008a, Discussion Paper, *Preliminary Views on an Improved Conceptual Framework for Financial Reporting: The Reporting Entity*, IASB.

IASB, 2008b, Discussion Paper, *Preliminary Views on Financial Statement Presentation*, IASB.

IASB, 2008c, Discussion Paper, *Preliminary Views on Financial Statement Presentation*, IASB.

IASB, 2008d, IFRS No.3, *Business Combinations*, IASB. (同訳書)

IASB, 2010a, Exposure Draft, *Conceptual Framework for Financial Reporting: The Reporting Entity*, IASB.

IASB, 2010b, *The Conceptual Framework for Financial Reporting* 2010, IASB. (同訳書)

IASB, 2010c, Staff Draft of Exposure Draft, *IFRS X Financial Statement Presentation*, IASB.

IASB, 2010d, IAS No.37, *Provisions, Contingent Liabilities and Contingent Assets*, IASB. (同訳書)

IASB, 2010e, IAS No.12, *Income Taxes*, IASB. (同訳書)

IASB, 2011a, IAS No.1, *Presentation of Financial Statements*, IASB. (同訳書)

IASB, 2011b, IAS No.32, *Financial Instruments: Presentation*, IASB. (同訳書)

IASB, 2011c, IAS No.19, *Employee Benefits*, IASB. (同訳書)

IASB, 2011d, IAS No.28, *Investments in Associates and Joint Ventures*, IASB. (同訳書)

IASB, 2012a, Press Release, *IFRS Foundation Opens Regional Office in Asia-Oceania*, November, IASB.

IASB, 2012b, IFRS No.10, *Consolidated Financial Statements*, IASB. (同訳書)

IASB, 2012c, IFRS No.11, *Joint Arrangements*, IASB. (同訳書)

IASB, 2013, Discussion Paper, *A Review of the Conceptual Framework for Financial Reporting*, IASB.（同訳書）

IASB, 2014a, *Post-implementation Review: IFRS 3 Business Combinations*, IASB.

IASB, 2014b, IFRS No.15, *Revenue from Contracts with Customers*, IASB.（同訳書）

IASB, 2014c, IFRS No.9, *Financial Instruments*, IASB.（同訳書）

IASB, 2015, Exposure Draft, *Conceptual Framework for Financial Reporting*, IASB.（同訳書）

IASB, 2016a, *Project Summary and Feedback Statement, IFRS No.16 Leases*, IASB.

IASB, 2016b, *Recognition of Deferred Tax Assets for Unrealised Losses: Amendments to IAS 12*, IASB.

IASB, 2016c, IFRS No.16, *Leases*, IASB.（同訳書）

IASB, 2018, *Conceptual Framework for Financial Reporting*, IASB.

IASB, 2024a, IFRS No.18, *Presentation and Disclosure in Financial Statements*, IASB.（同訳書）

IASB, 2024b, IAS No.7, *Statement of Cash Flows（Amendments）*, IASB.（同訳書）

IASB, 2024c, IAS No.8, *Accounting Policies, Changes in Accounting Estimates and Errors（Amendments）*, IASB.（同訳書）

IASC, 1973a, *An Agreement to Establish an International Accounting Standards Committee*, IASC.（川口順一訳，1975「国際会計基準委員会合意書並びに定款」川口順一『国際会計基準精説』第一法規）

IASC, 1973b, *IASC Constitution*, IASC.（川口順一訳，1975「国際会計基準委員会合意書並びに定款」川口順一『国際会計基準精説』第一法規）

IASC, 1976, IAS No.4, *Consolidated Financial Statements and Equity Method of Accounting*, IASC.

IASC, 1979, IAS No.12, *Accounting for Taxes on Income*, IASC.（同訳書）

IASC, 1981, IAS No.14, *Reporting Financial Information by Segment*, IASC.（同訳書）

IASC, 1983a, *IASC Constitution*, IASC.

IASC, 1983b, *IASC: Objectives and Procedures*, IASC.（同訳書）

IASC, 1983c, IAS No.22, Accounting for Business Combinations, IASC.（同訳書）

IASC, 1989, Exposure Draft No.32, *Comparability of Financial Statements, Proposed amendments to International Accounting Standards 2, 5, 8, 9, 11, 16, 17, 18, 19, 21, 22, 23 and 25*, IASC.（同訳書）

IASC, 1990, Statement of Intent, *Comparability of Financial Statements*, IASC.（同訳書）

IASC, 1993, IAS No.22, *Business Combinations*, IASC. (同訳書)

IASC, 1998a, Discussion Paper, *Shaping IASC for the Future*, IASC.

IASC, 1998b, IAS No.22, *Business Combinations*, IASC. (同訳書)

IASC, 1999, *Recommendations on Shaping IASC for the Future*, IASC.

IASCF, 2002, *Annual Report*, IASCF.

IOSCO, 2000, *IASC Standards*, IOSCO.

KPMG, 2014, First Impressions : IFRS 9 Financial Instruments. (同訳書)

Martin, P., 2004, "International Convergence of Accounting Standards: A Canadian Perspective," *Journal of Centre for International Studies*, Aichi Gakuin University.

Ministry of Economic Development, 2004, Discussion Document, *Review of the Financial Reporting Act* 1993, Part I: The Financial Reporting Structure, Ministry of Economic Development.

Moonitz, M., 1951, *The Entity Theory of Consolidated Statements*, The Foundation Press. (片野一郎監閲, 1964『ムーニッツ連結財務諸表論』同文舘出版)

Most, K. S., 1984, Research Report, *International Conflict of Accounting Standards*, Canadian Certified General Accountants' Research Foundation.

SEC, 1988, Securities Act Release No.6807, Policy Statement, *Regulation of International Securities Market*, November 14, SEC.

SEC, 1991, Final Release 33-6902, *Multijurisdictional Disclosure and Modifications to the Current Registration and Reporting System for Canadian Issuers*, July 11, SEC.

SEC, 2000, Release 33-7801; 34-42430 ; International Series Release No.1215, *International Accounting Standards*, February, SEC.

SEC, 2007a, Concept Release 33-8831, *Concept Release on Allowing U.S. Issuers to Prepare Financial Statements in Accordance with International Financial Reporting Standards*, August 7, SEC.

SEC, 2007b, Release 33-8818, *Acceptance from Foreign Private Issuers of Financial Statements Prepared in Accordance with International Financial Reporting Standards without Reconciliation to U.S. GAAP*, July 2, SEC.

SEC, 2007c, Release 33-8879, *Acceptance from Foreign Private Issuers of Financial Statements Prepared in Accordance with International Financial Reporting Standards without Reconciliation to U.S. GAAP*, December 21, SEC.

SEC, 2011, *Work Plan for the Consideration of Incorporating International Financial*

Reporting Standards into the Financial Reporting System for U.S. Issuers: Exploring a Possible Method of Incorporation, May, SEC.（「米国の発行企業の財務報告制度への国際財務報告基準（IFRS）の組込みに関する検討のためのワーク・プラン：考えられる組込方法の探究」）

The Treasury of Australian Government, 1997, Corporate Law Economic Reform Program, Proposals for Reform: Paper No.1（CLERP No.1）*Accounting Standards: Building International Opportunities for Australian Business*, Australian Government Publishing Service.

Tweedie, D., 2007, "Can Global Standards be Principle Based?," *JARAF*（*The Journal of Applied Research in Accounting and Finance*）, Vol.2 Issue 1.

Van Hulle, K., 1993, "Harmonization of Accounting Standards in the EC, Is it the beginning or is it the end?," *European Accounting Review*, Vol.2.

Wooten, J. A., 2005, Employee Retirement Income Security Act of 1974, *A Political History*, University of California Press.（みずほ年金研究所監訳, 2009『エリサ法の政治史—米国企業年金法の黎明期—』中央経済社）

Wyatt, A. R., 1963, ARS No.5, *A Critical Study of Accounting for Business Combinations*, AICPA.

秋葉賢一, 2024『エッセンシャル IFRS（第 7 版）』中央経済社。

井尻雄士, 2003「米国会計基準とその環境：変遷75年の二元論的考察」『季刊会計基準』第 3 号, 9 月。

伊藤邦雄, 2006「無形資産会計の新展開」伊藤邦雄編『無形資産の会計』中央経済社。

伊藤邦雄, 2024『新・現代会計入門（第 6 版）』日本経済新聞出版社。

井上定子, 2010『外貨換算会計の研究』千倉書房。

井上達男, 1996『アメリカ外貨換算会計論』同文舘出版。

井上良二, 2000「時価会計における減損会計の意味」『會計』第158巻第 6 号, 12月。

今福愛志, 2001『労働債務の会計』白桃書房。

梅原秀継, 2000『のれん会計の理論と制度』白桃書房。

梅原秀継, 2001『減損会計と公正価値会計』中央経済社。

太田哲三, 1963「引当金なる用語の限定」『産業経理』第23巻第 4 号, 4 月。

大雄　智, 2009『事業再編会計』国元書房。

大雄令純, 1985『比較会計論～アジア諸国の場合～』白桃書房。

大日方隆編，2012『会計基準研究の原点』中央経済社。

大日方隆・川村義則・倉田幸路・佐藤信彦，2009「会計制度の国際対応を巡る論点～各国の
　　IFRS 受入れの現状と概念フレームワーク～」『企業会計』第61巻第3号，3月。

加藤盛弘，1981「北米の会計制度」黒澤清総編集『体系近代会計学第10巻　国際会計基準』
　　中央経済社。

鎌田信夫，1995『資金会計の理論と制度の研究』白桃書房。

川口順一，1981「国際会計基準委員会の現状と課題」黒澤清総編集『体系近代会計学第10巻
　　国際会計基準』中央経済社。

企業会計基準委員会，2006「財務会計の概念フレームワーク」企業会計基準委員会。

企業会計基準委員会，2007a, Press Release「IFRS 地域ポリシー・フォーラム 日本2007コ
　　ミュニケ（仮訳）」3月29日，企業会計基準委員会。

企業会計基準委員会，2007b, Press Release,「企業会計基準委員会と国際会計基準審議会に
　　よる2011年までの会計基準のコンバージェンスに向けた継続的な取組み」10月2日，企
　　業会計基準委員会。

企業会計基準委員会，2007c, Press Release「企業会計基準委員会と国際会計基準審議会は
　　2011 年までに会計基準のコンバージェンスを達成する『東京合意』を公表」8月8日，
　　企業会計基準委員会。

企業会計基準委員会，2019「金融商品に関する会計基準」企業会計基準委員会。

企業会計基準委員会，2016「退職給付に関する会計基準」企業会計基準委員会。

企業会計基準委員会，2019「企業結合に関する会計基準」企業会計基準委員会。

企業会計基準委員会・国際会計基準審議会，2007「会計基準のコンバージェンスの加速化に
　　向けた取組みへの合意」8月8日，企業会計基準委員会。

企業会計審議会，2002「固定資産の減損に係る会計基準の設定に関する意見書」企業会計審
　　議会。

企業会計審議会，2003「企業結合に係る会計基準」企業会計審議会。

企業財務制度研究会，1998, 減損会計研究委員会報告「減損会計を巡る論点」企業財務制度
　　研究会。

企業財務制度研究会編，1999「企業結合会計をめぐる論点」企業財務制度研究会。

菊谷正人編，2010『IFRS/IAS 徹底解説』税務経理協会。

清村秀之，2002「繰延税金資産の認識及び測定：繰延税金資産の回収可能性」『産業総合研
　　究』。

黒川行治，1999『合併会計選択論』中央経済社。

剣持敏幸，2000「IOSCO による IAS に関する決議について」『JICPA ジャーナル』第12巻第8号，8月。

古賀智敏，2011『グローバル財務会計』森山書店。

国際会計研究学会研究グループ報告（主査　佐藤倫正），2012『国際会計の概念フレームワーク』（最終報告）。

斎藤静樹，2003「会計基準の動向と企業会計基準委員会」『最近の企業会計の動向について』財務会計基準機構。

斎藤静樹，2007「コンバージェンスの意義と IFRS への役割期待」『企業会計』第59巻第8号。

斎藤静樹，2013『会計基準の研究（増補版）』中央経済社。

斎藤静樹編，2008『討議資料　財務会計の概念フレームワーク』（第2版）中央経済社。

佐藤信彦編，2003『業績報告と包括利益』白桃書房。

佐藤倫正，1993『資金会計論』白桃書房。

末尾一秋編，1977『セグメント会計』同文舘出版。

杉本徳栄，2009『国際会計』同文舘出版。

杉本徳栄監修・仰星監査法人編，2010『ケーススタディでみる IFRS』金融財政事情研究会。

染谷恭次郎，1982『国際会計～新しい企業会計の領域～』中央経済社。

高須教夫，1996『連結会計論』森山書店。

武田安弘，1982『企業結合会計の研究』白桃書房。

辰巳正三，1981「国際会計基準委員会の創立とその経緯」『体系近代会計学第10巻　国際会計基準』中央経済社。

田中建二，2007『金融商品会計』新世社。

田中弘，2013『会計学はどこで道を間違えたのか』税務経理協会。

田中弘・藤田晶子・戸田龍介・向伊知郎・篠原淳・田口聡志，2011『わしづかみシリーズ国際会計基準を学ぶ』税務経理協会。

茅根聡，1998『リース会計』新世社。

辻山栄子編，2004『逐条解説減損会計基準』中央経済社。

徳賀芳弘，2000『国際会計論～相違と調和～』中央経済社。

友杉芳正・田中弘・佐藤倫正編，2008『財務情報の信頼性』税務経理協会。

中島省吾編，1985『海外進出企業の財務と会計』東洋経済新報社。

中山重穂，2013『財務報告に関する概念フレームワークの設定』成文堂。

日本公認会計士協会，1999，監査委員会報告第66号「繰延税金資産の回収可能性の判断に関する監査上の取扱い」日本公認会計士協会。

沼田嘉穂，1975「引当金を論攻する」『企業会計』第27巻第1号，1月。

根岸哲・舟田正行，2003『独占禁止法概説』有斐閣。

橋本尚・山田善隆，2010『IFRS 会計学実践テキスト』中央経済社。

橋本尚・山田善隆，2022『IFRS 会計学基本テキスト（第7版）』中央経済社。

平松一夫，1994『国際会計の新動向～会計・開示基準の国際的調和～』中央経済社。

平松一夫・辻山栄子編，2014『会計基準のコンバージェンス』中央経済社。

平松一夫・徳賀芳弘編，2005『会計基準の国際的統一』中央経済社。

藤井秀樹，2007『制度変化の会計学』中央経済社。

松井泰則，2008『国際会計の潮流』白桃書房。

みずほ銀行産業調査部，2014「Mizuho Short Industry Focus」10月20日。

向伊知郎，1998『カナダ会計制度研究～イギリスおよびアメリカの影響～』税務経理協会。

向伊知郎，2003a「EU における IFRS 全面適用に向けての動向と課題」『會計』第164巻第3号，8月。

向伊知郎，2003b『連結財務諸表の比較可能性』中央経済社。

向伊知郎，2003c「ヨーロッパ連合（EU）における会計基準統一に向けての基盤整備」『経営学研究』（愛知学院大学）第12巻第4号。

山内暁，2010『暖簾の会計』中央経済社。

山地範明，2000『連結会計の生成と発展（増補改訂版）』中央経済社。

米山正樹，2000「原価配分のもとでの簿価修正～減損の意義～」『會計』第158巻第2号，8月。

米山正樹，2003『減損会計—配分と評価—（増補版）』森山書店。

有限責任あずさ監査法人，2013「在外営業活動体における機能通貨の決定」有限責任あずさ監査法人。

有限責任監査法人トーマツ編，2011『リース取引会計』清文社。

索　引

英数

一計算書方式……………………68
二計算書方式……………………68
G 4 + 1 ………………………36
IFRSs ………………………27
IFRS 同等性評価 ………………38
JWG ………………………36

あ行

一時差異……………………… 179
一取引基準……………………… 231
一般目的財務報告の目的……………49
演繹法……………………………45
オペレーティング・リース…………130, 137
親会社……………………… 203
親会社説……………………… 204

か行

会計主体観……………………… 203
会計上のミスマッチ……………… 105
会計ビッグ・バン………………37
会計方針の統一……………… 207
解雇給付……………………… 164
外債……………………………… 9
回収可能価額……………………… 156
確定給付制度……………………… 165
確定拠出制度……………………… 165
加重平均法……………………… 116
カスタマー・ロイヤルティ・プログラム…95
為替差額……………………… 232
間接法……………………………77
期間差異……………………… 179
期間定額基準……………………… 169
企業集団……………………… 203
基礎数値……………………… 100
帰納法……………………………45

基本的質的特性……………………51
逆取得……………………… 194
給付算定式基準……………… 169
共同支配……………………… 211
金融資産……………………………98
金融負債……………………………99
繰延法……………………… 178
経済的単一体説……………… 204
継続企業……………………………55
契約負債……………………………96
決済日会計……………………… 101
減価償却……………………… 125, 126
原価モデル……………………… 123, 148
現金不足額……………………… 110
現在価値……………………………61
現在原価……………………………61
原則主義……………………………47
減損損失……………… 110, 126, 152, 156, 223
コア・スタンダード………………22
工事契約……………………………94
公正価値…………………… 61, 196
公正価値オプション…………… 104, 105
子会社……………………… 203
国際会計士連盟……………………19
個別法……………………… 116
混合測定……………………………60
コンドースメント…………………29

さ行

細則主義……………………………47
再評価モデル……………… 123, 148
財務構成要素アプローチ…………… 102
財務情報の質的特性………………51
財務諸表の構成要素………………56
財務報告の目的……………………49
採用……………………………29
差額説……………………… 215

先入先出法	116	長期従業員給付	164
識別可能性	146	直接法	76
直物為替レート	231	追加借入利子率	133
事業セグメント	240	低価法	117
資金生成単位	156	デリバティブ	100
自己創設のれん	147	当期税金	177
自己創設無形資産	147	東京合意	40
資産負債観	48	東南アジア諸国連合	15
資産負債法	178	独立販売価格	88
実効金利	106	取引日会計	101

な行

実体説	204	二取引基準	231
支配	187, 205	ノーウォーク合意	36
支配力基準	206	のれん	191, 198
資本概念	63		

は行

資本主説	203	バーゲン・パーチェス	198, 217
（広義の）収益	84	パーチェス法	187
収益	84	発生損失モデル	110
収益費用観	48	反トラスト法	202
修正国際基準	41	比較会計制度研究	5
重要な影響力	210	非支配持分	195, 208, 217
収斂	29	費用機能法	69
取得	187	表示通貨	231
使用価値	61, 156	費用性質法	69
償却	150, 151	品目法	117
証券監督者国際機構	19	ファイナンス・リース	130, 137
承認	29	負債法	178
正味実現可能価額	117	部分のれん	218
推定的債務	174	フレッシュ・スタート法	199
スチュワードシップ	50	変動対価	86
税務基準額	180	報告企業	202
潜在的無形資産説	215	報告セグメント	240
全部のれん	218	法的債務	174
相互承認開示制度	34	補強的質的特性	53
		北米自由貿易協定	15

た行

ま行

段階取得	196	未認識過去勤務費用	172
短期従業員給付	164		
中間親会社	205		
超過収益力説	215		

未認識数理計算上の差異……………… 172
メルコスール……………………………15
持株会社……………………………… 202
持株基準……………………………… 206
持分金融商品……………………………99
持分の結合…………………………… 187
持分プーリング法…………………… 187
持分法………………………………… 211

や行

ヨーロッパ経済共同体……………………15
予想信用損失………………………… 110, 112

予想信用損失モデル………………… 110
預託証券……………………………… 9

ら行

リース期間…………………………… 132
リースの開始日……………………… 133
リースの計算利子率………………… 133
履行義務…………………………………86
リスク・経済価値アプローチ………… 102
類別法………………………………… 118
歴史的原価………………………………60

【著者紹介】

向　伊知郎　Mukai, Ichiro

愛知学院大学経営学部教授

1990年　南山大学大学院経営学研究科博士後期課程修了
1991年　市邨学園短期大学商経科専任講師（1994年より助教授）
1996年　博士（経営学）南山大学
1996年　愛知学院大学経営学部助教授
2000年　カリフォルニア州立大学チコ校客員研究員（2001年まで）
2001年　愛知学院大学経営学部教授（現在に至る）

【主要著書】

『続々・ズバッ！とわかる会計学』（編著，2024年，同文舘出版），『国際会計基準―世界の会計はどう変わるのか―』（共著，2013年，税務経理協会），『国際会計基準を学ぶ』（共著，2011年，税務経理協会），『初級簿記テキスト』（共著，2008年，中央経済社），『会計学を学ぶ―経済常識としての会計学入門』（共著，2008年，税務経理協会），『財務会計論―国際的視点から―』（共編著，2007年，税務経理協会），『連結財務諸表の比較可能性―会計基準の国際的統一に向けて』（2003年，中央経済社），『カナダ会計制度研究―イギリスおよびアメリカの影響―』（1998年，税務経理協会）など多数。

ベーシック国際会計（第3版）

2016年 3 月30日　第 1 版第 1 刷発行	
2019年 4 月 1 日　第 2 版第 1 刷発行	
2023年10月 5 日　第 2 版第 2 刷発行	
2025年 3 月30日　第 3 版第 1 刷発行	

著　者　向　　伊知郎
発行者　山　本　　継
発行所　㈱中央経済社
発売元　㈱中央経済グループ
　　　　パブリッシング

〒101-0051　東京都千代田区神田神保町1-35
電話　03（3293）3371（編集代表）
　　　03（3293）3381（営業代表）
https://www.chuokeizai.co.jp
印刷・製本／文唱堂印刷㈱

©2025
Printed in Japan

＊頁の「欠落」や「順序違い」などがありましたらお取り替えいたしますので発売元までご送付ください。（送料小社負担）
ISBN978-4-502-53941-1　C3034

JCOPY〈出版者著作権管理機構委託出版物〉本書を無断で複写複製（コピー）することは，著作権法上の例外を除き，禁じられています。本書をコピーされる場合は事前に出版者著作権管理機構（JCOPY）の許諾を受けてください。
JCOPY〈https://www.jcopy.or.jp　e メール：info@jcopy.or.jp〉